Насо Вајена
ВАРВАРСКЕ ОДЕ

Библиотека
Хиперион

Уредник
Иван Гађански

Превођење ове књиге финансијски је помогло
Министарство културе Републике Грчке

НАСО ВАЈЕНА

ВАРВАРСКЕ ОДЕ

ПЕСМЕ И ЕСЕЈИ

Избор и превод са грчког

Иван Гађански
и Ксенија Марицки Гађански

РАД

НАСО ВАЈЕНА – ПЕСНИК И ТЕОРЕТИЧАР КЊИЖЕВНОСТИ

„Наса Вајену можемо сматрати једним од најзначајнијих стваралаца у нашој књижевности и књижевној критици после пада хунте" написао је недавно грчки критичар Еврипид Гарантуди.

То је заиста леп комплимент ако имамо на уму бројност аутора и књига које се у Грчкој штампају последњих тридесетак година. Вајену обележавају и као значајног припадника „Генерације Седамдесетих", најновије књижевне појаве у историји грчке књижевности, која радо своју периодизацију заснива на сличним хронолошким одредницама. Довољно је подсетити се „Генерације Осамдесетих" из 19. века, па „Генерације Тридесетих" и „Четрдесетих" из 20. века. Наши читаоци грчке поезије о томе, уосталом, већ довољно знају из низа књига које сам ја последњих четврт века објављивала на српском.[1]

Насо Вајена је рођен 1945. године у Драми, у северној Грчкој. После очевог повратка из логора, породица (уз Наса су имали и друго дете, ћерку Хрисулу) сели се у Атину, где се Насо школује. Био је син напредног борца у грађанском рату, како се тада говорило, који је

---

[1] В. нпр.; *Повратак поезији*. Савремена грчка поезија. Уводни коментар Ксенија Марицки Гађански. Избор и превод са грчког Ксенија Марицки Гађански и Ели Скопетеа, Београд, Посебан отисак из часописа „Трећи програм", лето-јесен 1977, стр. 641–724; Ксенија Марицки Гађански, *Антологија савремене грчке поезије*. Избор, превод, предговор и белешке о песницима, Београд, Нолит, 1978, стр. 236; *Антологија поезије балканских народа I. Антологија новије грчке поезије*. Избор, превод и предговор Ксенија Марицки Гађански, Београд, Просвета, 1981, стр. 135.

с песницима Јанијем Рицом и Титом Патрикијем, добро познатим нашој средини, од 1946–1950. године провео по тадашњим концентрационим логорима на разним грчким острвима. После завршене гимназије у Атини, кад је као даровити фудбалер био и члан младе грчке репрезентације, и дипломе са Философског факултета у Атини, студира од 1970–1979. у Риму, Есексу, Бермингему и Кембрицу, где је и докторирао.

Професор је теорије и критике књижевности на атинском Философском факултету од 1992. године. Дванаест година пре тога био је професор неохеленске филологије на Универзитету Крита у Ретимну.

Насо Вајена је песник, аутор седам збирки поезије, од *Поља Аресовог* 1974. и *Биографије* 1978. до *Тамних балада* 2001. године.

Уз поезију, прозу, критику и књижевне студије, објављује књиге есеја, на пример *Лавиринт тишине* (1982, 1988), *Богињин пеплос* (1988), *Поезија и превод* (1989), *Језик ироније* (1994, 1998), *Белешке с краја века* (2000) и *Постмодернизам и књижевности* (2002). За ове књиге је добио највише државне награде за есеј, од којих је једну и одбио 1980, за критичку студију о Јоргу Сеферију под насловом *Песник и играч*.

Већ прва његова збирка поезије из 1974. године, невеликог обима, под насловом *Поље Аресово*, дочекана је с добродошлицом и похвалама, не само критичара него и песника. Значајни песник тога времена, Тасо Ливадити,[2] написао је тада следеће: „Не постоји већа потврда вредности једне књиге, него када осим естетичког доживљаја предочи и проблеме, као што је учинила збирка Наса Вајене, с нагласком на кавафијевској поуци, надреалистичкој димензији и месту Паламине и Сикељанове[3] поетске фразе у грчкој књижевности. Песник чудесне зрелости, поседује основну харизму истинског уметника: да извуче сву снагу и сву много-

---

[2] В. о њему у *Повратак поезији*.
[3] О Кости Палами и Ангелу Сикељану, најкрупнијим именима грчке поезије краја 19. и почетка 20. века, в. у *Антологија савремене грчке поезије*.

струкост значења речи, помоћу најједноставнијих, „најпрезренијих" израза".

„Песник смиреног очајања" како га карактерише овде Ливадити, остао је песник Вајена и касније, продубљујући своје лично осећање философским и теоријским уверењем. Верујем да је одличан пример тог његовог философског стоицизма управо једна од његових раних песама под насловом:

ПРЕДСТАВА, II

а нека си
једно од споредних лица у драми.
Једно од оних која отварају сцену. Секунданти су
јунацима у часу двобоја. Пратиоци су
краља. Или нестају у првом чину.
Ипак остају скривени у задњем делу
сцене (тамо где се картају
равнодушни механичари и електричари).
Мотрећи кришом иза завеса
како лешеви падају један по један.
Чекајући време да изађу
када су их сви заборавили
када нико више њих не очекује.

Његова следећа збирка *Биографија* (1978), такође невелика обимом, дочекана је оценама да је као песник још зрелији и изазвала дискусије о новим језичким елементима и традицији. Можда за стране читаоце мање важни детаљи, за Грке је било упутно да се размотре Вајенини књижевни контакти, дугови или, ако хоћете, утицаји ранијих грчких песника (од најстаријих Солома и Калва из 19. века, преко Кариотакија, Сеферија, Рица, Синопула, Ембирика и Сахтурија.[4] Наравно, и неизбежне везе модерне грчке културе и књижевности са страним изворима, или узорима, опет по сопственој оцени сваког читаоца. Главне теме у *Биографији* су љубав и смрт, можда и обрнутим редосле-

---

[4] О свим тим песницима в. у мојим наведеним књигама, као и у двојезичној збирци *Осам грчких песника* Ксеније Марицки Гађански и Ивана Гађанског, Бања Лука, 1996.

дом по важности, а тај приступ наставља и следећа Вајенина песничка књига из 1981. године *Роксанина колена*. Питала сам га недавно, да ли Роксана из наслова треба да асоцира на жену Александра Великог или је тек само женско име; он се одлучио за ово друго. Рекла сам му да код нас то име не фигурира у употреби обичног имена, већ ће асоцијације нашег читаоца у томе тражити неки историјски контекст, као и у наслову *Поље Аресово* митолошки. Поновио је да је то само женско име, али знајући за његову иронију у песничком изразу, не верујем да је и Александрова Роксана из Плутархове биографије *Александра Великог* искључена.

Грчка критика је истицала да се песме из ове збирке не односе на очи или на косу Роксанину (која би тако била симбол идеалне, недостижне жене) већ на њена колена, повезана с малим еротским радњама из ових песама. Иначе, сви критичари ове збирке наглашавали су нарочиту Вајенину бригу за језик и песничку форму, која је на специфичан, неортодоксни начин укључивала и традиционалне песничке и музичке облике, као што су сонет, ода, рапсодија, епиталамиј, анакреонтска, Sostenuto, Coda, итд., како и гласе наслови појединих песама ове збирке.

За његову следећу збирку из 1986. под чудним насловом *Лушшање оног који не пушује*, Вајенин холандски преводилац Херо Хокверда (који је 1990. у Амстердаму објавио обиман избор заједно с нашим дугогодишњим пријатељем и обожаваоцем Београда Марком Фондсе) каже да су те песме „слободније и изражајније, рекло би се барокније" од његове раније поезије. Остајући песник малог обима песме, Вајена је најдуже био у домену сеферијевске поетике, излазећи „из хоризонта те поезије" тек у последњим својим песничким књигама. Као пример таквог прожимања сеферијевским наслеђем наводим песму

ЈОРГО СЕФЕРИ МЕЂУ УТВАРАМА

Писао си своје стихове на полеђини тамних карата
какве смо слали кући кад нас је брод оставио
                      у туђем

крају или као цртеже у некој старој књизи
који налазиш на мансарди једног кишног дана
заборављајући пријатеље за столом.
Шта би од старог морнара који се вратио с пучине
                                            с белом
брадом – видео га је пас како је ушао у двор
                                            отрован?
и од старца на обали реке који је ћутке мерио
                                    свој пут помоћу звезда
и од возача на колима крвавих прстију и од коња –
да ли су нагазили на меку
траву или су покидали каишеве и клекли на плоче?
Ипак ти не знаш а ако знаш не говориш зато
                                            што си уроњен
у рушевине времена и гледаш нас непомично
                                            иза црног
стакла које полако-полако покривају телеса
                                            покојника.

Ову смо песму давно Иван и ја превели за *Књижевне новине*[5], када још Наса нисмо лично упознали. Тада сам у *Књижевним новинама* написала и следеће: „Песма *Јоргo Сефери међу утварама* посебно је карактеристична за песника Наса Вајену. Почев од наслова, она реконструише у другом кључу сеферијевски поетски свет, у сталном дијалогу са Сеферијевим сликама и појмовима. Скоро би требало измислити термин паралелан облицима из других дисциплина као *графем*, *морфем*, *семантем* и слично, термин који би се односио на елементе поетске структуре и експресије неког аутора. Нешто као *појетем*, на пример. Такви сеферијевски појетеми препознатљиви су у овој Вајениној песми. Сам наслов *Јоргo Сефери међу утварама* је реплика на чувену Сеферијеву песму *Морнар Страти међу агапантима*.

Тај се морнар појављује и даље у Вајениној песми, мешајући се с појетемима из *Одисеје*: пас, двор и тако даље. Како је Сеферијев поетски циклус *Митска исто-*

---
[5] *Књижевне новине*, Београд, бр. 924/925, стр. 8 (1996).

рија и сам структурисан као хомерски еп о Одисеју, ова је Вајенина реминисценција још разумљивија.

Сефери има и песму *Старац на обали реке*, и исти старац се појављује у Вајениној песми. Нарочито су живо употребљени Сеферијеви појетеми из песме *По имену Орест*, шеснаесте у циклусу *Митске историје*.[6] Кола и коњи јуре стазом, јуре по мекој трави, колена поклекну и тако даље. Кишни дан, брод и пучина, пријатељи и мансарде – дивна слика благог, мудрог песника песимисте из Смирне у Малој Азији, који је живот провео у Атини, лутајући и сам по свету. За разлику од Сеферија и његове малоазијске отаџбине, Вајена је пола века касније рођен у северној, копненој Грчкој, а живот проводи на острву сред Медитерана, као професор на Криту, и у Атини, а и лутајући по свету. Колико је Вајена сличан, намерно, Сеферију, толико му је, невољно, и антипод".

Вајенин италијански преводилац Катерина Карпинато целом свом избору из његове поезије 1997. године (Милано, 1997) даје наслов управо ове збирке *Vagabondaggi di un non viaggiatore*. Наглашава у уводу да су за њу лично у Вајениној поезији кључне три речи: љубав – време – смрт. Тренуци љубави су ван времена, јединствени тренуци кад човек покорава реалност и стварно проживљава сан.

Васко Попа, велики српски песник и трезвени мудрац, често ми је говорио да се поезија не објашњава. Довољно је да се чита. Стога нерадо говорим о општијим карактеристикама песничких књига Наса Вајене: његова поетика и философија живота је у његовим песмама. Довољно их је читати. То се нарочито односи на његову можда најозбиљнију књигу песама објављену 1992. године под насловом *Варварске оде*, чија структура има музичку матрицу: *Preludium, Adagio, Lento,* и посвећена је великом грчком песнику ода из прве половине 19. века Андреи Калву, с острва Закинта у Јонском мору.

---

[6] В. Јорго Сефери, *Митска историја*. Избор, превод са грчког, поговор и објашњења Ксенија Марицки Гађански, Београд, Рад, 1981, стр. 114.

Овој књизи је претходила књига под насловом *Пад летача*, објављена истовремено с његовом теоријском књигом *Поезија и превод*. У књизи *Пад летача* Насо је својим примером хтео да покаже шта подразумева под превођењем поезије: књига садржи 34 песме двадесет страних песника (Карл Сандберг, Маријана Мур, Џон Матијас, Жак Превер, Анри Мишо, Ричард Бернс, Т. С. Елиот, Ален Гинсберг, Итало Калвино, Волас Стивенс, Езра Паунд, Вилијем Карлос Вилијемс, Еуђенио Монтале, Џон Беримен, Хорхе Луис Борхес, Арчибалд Меклиш, Андреа Дзандзото, Гијом Аполинер, Е. Е. Камингс, Октавио Паз).

Насо Вајена је врло цењени теоретичар преводилаштва у Грчкој и има обиље текстова у којима излаже своје погледе. На жалост, непогодно би било да их овде прикажемо, јер су примери које обрађује и анализира на грчком.[7] Већ су постале тако рећи школске дефиниције његове формулације да је „превођење поезије истинска уметност" и да су „неке од најлепших грчких песама преводи".

Претпоследња песничка збирка Наса Вајене објављена 1992. године под насловом *Варварске оде* изражава песникову фасцинираност ноћи. Откуда медитеранским житељима таква опчињеност тамом, не може се овде испитивати. Не треба заборавити ни Сеферијево бављење парадоксом, формулисаним још у средњовековној метафизици, о „анђеоској и црној светлости". У *Варварским одама* Вајена хоће да „оживи традицију тзв. варварске поезије 18. и 19. века, код Грка и странаца, тонског метричког стиха који треба да васпостави хармонију античке песничке просодије". Стога су песме подељене на строфе, али су „варварске" зато што не можемо да досегнемо савршеност оригинала. Неки критичари указују да је тежиште и наслова књиге и песама више на првој речи него на „одама". Наш читалац не може да осети сву потребну асоцијативност наме-

---

[7] Недавно је Морфија Мали објавила целу књигу под насловом: *Модернизам, постмодернизам и периферија*, студија о преводилачкој пракси Наса Вајене (ПОЛΙΣ, Атина, 2002, стр. 168, на грчком).

њену грчкој публици, која зна Калвове оде или Солонову *Оду месецу* и сл. Као теоретичар књижевности, Вајена је иначе веома импресиониран Калвом као песником који је био „много година испред свог времена", његовом смелошћу и снагом израза, скоро авангардним „надреализмом" као и изразитим антикомформизмом његовог карактера. Наш читалац, наравно, који и не зна за Калва у највећем проценту (јер се код нас у школама одувек спомињу чак и осредњи западни песници прохујалих векова, али не највећи грчки или други балкански песници – ситуација је код наших суседа узајамна) не може процењивати све димензије Вајениног песничког захвата. У Грчкој је збирка *Варварске оде* изазвала и доста теоријских полемика, такође недовољно разумљивих нашем читаоцу, макар му и биле познате Кардучијеве *Варварске оде* из 1877, *Нове варварске оде* из 1882. и, по трећи пут, *Варварске оде* (*Odi barbare*) из 1889. године. Добар познавалац италијанског језика и књижевности, Вајена је очигледно знао да с овим Кардучијевим одама почиње нова епоха италијанске поезије.

Осим као теоретичар књижевности и стручњак за транслатологију, Вајена је у Грчкој познат и као велики зналац метричке традиције у грчкој књижевности. Стога његова поетска истраживања и примена у поезији имају за грчку средину велику важност. Он је проучавао и начин на који је европски слободни стих преношен и превођен у Грчкој и, незадовољан досадашњим стањем, окренуо се ка схватању да је прошло време поезије слободног стиха и да се треба вратити метричкој и римованој поезији. Како то треба да изгледа, хтео је да покаже и изрази у својој последњој песничкој збирци, најобимнијој до сада, објављеној 2001. године под насловом *Тамне баладе и друге песме*. Везујући се за део Хомеровог стиха из *Илијаде* (да сунце доноси пропаст), Вајена се враћа својој омиљеној теми ноћи, смрти, пропасти, али овог пута у стиховима нарочите метрике, тешко преводиве. О овој новијој тенденцији Вајене песника и есејисте биће више речи у даљем тексту о његовим есејима.

* * *

Више него кад је реч о превођењу поезије, прозе, романа, приповетки или драмске књижевности, страна есејистика, за коју одлучимо да је у преводу презентирамо домаћим читаоцима, треба да буде од посебног значаја у оригиналу. Њен аутор мора у својој земљи имати значајну културну улогу у јавности, улогу која превазилази теоријско-естетски и књижевни допринос његових есеја.

Евентуалне локалне теме којима би се неки аутор бавио у својој земљи за другу средину једва да би биле од неког интереса.

Можда зато није ни чудно што од савремене грчке књижевности коју, с изузетком песника и последњих неколико година мањег броја романсијера, а и то недовољно, једва да знамо, најмање имамо увида у есејистичку димензију новије грчке књижевности. Скоро да не знам за наслове и књиге грчких аутора есеја у српском преводу. Иван Гађански и ја смо пре годину-две начинили избор и превели есеје о поезији песника и философа Василија Вицаксија под насловом *Мисао и вера*. Радећи на томе уверили смо се колико је заметно презентирати код нас грчки есеј, управо због тог одсуства досадашњег искуства у превођењу оваквих текстова чији је лексички и терминолошки опсег и садржај све теже транспоновати на српском, како због сталних семантичких иновација у грчком, толико и због још увек непостојећих добрих грчко-српских речника.

Ипак, све присутнија грчка књижевност на српској издавачкој сцени захтева и да се упознамо с њиховим критичарима, есејистима и теоретичарима превођења, не би ли наш траљави и недовољни књижевни дијалог мало одмакао у циљу бољег међусобног упознавања.

Сматрајући да је један такав актуални, свестрани и на књижевној сцени у Грчкој врло утицајни аутор Насо Вајена, изложићу неколико погледа на његов есејистички, критичарски и теоријски рад.

На грчком се есеј најчешће формулише као δοκίμιο, израз који у грчком вокабулару постоји још од Платона све до Плутарха, значи неких седам векова у антици. Сама та језичка околност грчке ауторе ставља у врло посебан положај у односу на друге европске ствараоце, за које претходне далеке фазе њихове културне и књижевне традиције, а нарочито језичке, нису у тој мери живе и актуалне. Сви европски народи, на пример, читају *Библију* већ неколико векова у својим преводима и на својим језицима. Само Грци могу непосредно да читају давни оригинални грчки текст. Како ми је 7. маја ове године на атинском аеродрому на мом путу за Ретимно на Криту где се одржавао један конгрес, Насо рекао дословно: „Језик *Новог завета* се код нас може читати само с основним образовањем". Стога је у једном есеју из 1986. године он записао: „Превод с античког грчког није превод с неког страног језика, него са старијег облика нашег језика. То је можда најефикаснија преводилачка активност". „Превођење је један од најбољих начина учења сопственог језика, тако да је учење античког грчког идиома у великој мери учење управо новогрчког језика за нас", закључио је Насо.

Овакви погледи на језик и традицију једног модерног и свестрано на Западу образованог Грка можда су један од разлога зашто се, понекад из недеље у недељу, у водећим атинским листовима То Βήμα и Τα Νέα и неким другим, очекује реч Наса Вајене о важним и текућим културним пословима и јавним проблемима. Други је разлог можда већ код многих и грчких и наших аутора заборављена пракса да се пише и казује јасно, кратко, садржајно, образложено, с отвореним личним и моралним ставом и залагањем. У томе видим оправдање за своју почетну тврдњу, да есеји морају сведочити о значајном културном посленику темељног теоријског знања и широке обавештености. Увек у току збивања у својој земљи и у свету, ангажован и полемичан, Насо Вајена је данас незаобилазна фигура грчке књижевне, публицистичке и универзитетске сцене у Атини, Солуну, на Криту и на Кипру, као и на европским универзитетима. Нису случајно ни неки балкански издавачи (на пример румунски и бугарски) одабрали његове погледе на поезију, уметност и превођење да с њима упознају своју читалачку публику.

Док су есеји малочас поменутог аутора, Василија Вицаксија, превасходно философска разматрања уметности уопште, Вајенина интересовања се највише тичу поезије. Навешћу само неколико наслова из његових књига. *Поезија и реалност* обрађује низ специфичних тема у појединачним поглављима као што су, на пример: *Поезија и обичан човек; Поезија и језик; Поезија и време; Поезија и читање; Поезија и ритам; Поезија и усамљеност; Поезија и напредак; Поезија и морал; Поезија и држава; Поезија и историја; Поезија и свакодневица; Поезија и искуство; Поезија и оригиналност; Поезија и самопознавање; Поезија и апстракција; Поезија и противречности.*

Очигледно је реч о свеобухватном репертоару поетичких тема које Вајена разматра продубљено и веома обавештено, али пре свега крајње једноставно и разумљиво, на начин како су писали стари грчки философи. Не могу сада да излажем детаље о другим темама којима се у својим есејима бави Насо Вајена, на пример, *Логика у савременом песничком језику; Поезија и људска судбина; Теорија или критика; Митолошка критика; Поезија и проза*, итд.

Обимна Вајенина књига (382 стране) критичких студија о грчкој књижевности није случајно насловљена *Иронични језик* (1994, 1998). За њу је 1995. године добио државну награду за есеј или студију. Можда више као некад Сократ него неки модерни теоретичари данас, Насо Вајена иронију посматра као један од најважнијих аспеката модерне књижевности и једно од најинтензивнијих искустава модерног сензибилитета. У том смислу он наглашава у овој књизи да је „доминантан поглед на одређене теме наше књижевности и критике неоснован, ослањајући се на погрешне чињенице". Стога настоји да покаже шта је проучено с недовољно пажње критичким преиспитивањем неких у Грчкој познатих књига и аутора. Будући да упућеност српског читаоца у грчку књижевну и критичку сцену није довољно широка и темељна, није упутно овде указивати на неке Вајенине текстове из ове књиге који су немало узнемирили своје грчке савременике. Иако би неке општије теме могле бити занимљиве и за нас, на пример *Грчка књижевност и универзитет*, *Митови наше књижевне критике*, *Компаративна филологија у Грчкој до Генерације Тридесетих*, *О дефиницији модерног у поезији* и др. Такође, преиспитивање поезије 18. века је у Вајенином кључу врло инспиративно. „Лавиринт ироније" Вајена овде испитује код Борхеса и Кавафија паралелно, а теорију утицаја Харолда Блума у њеној грчкој рецепцији. Такође се бави и надреализмом у Грчкој као „митом о одлагању", показујући своје познавање надреализма у десетак земаља Европе, Америке и Египта, али и Балкана и словенских књижевности, што је иначе код грчких критичара доста ретко (српска, чехословачка, румунска).

С обзиром на то да се он много и трајно бави теоријом превођења, навела бих само неколико радова о том питању: *Превод као оригинал; Превођење метричких облика; Осам теза за превођење поезије* итд.

Вајена сматра да превод једног страног писца припада језику на који је преведен и његовој књижевности. Доживљавате књижевност онога језика на коме сањате, а то није страни језик, ма колико добро да га неко зна, каже он. Кад смо разговарали о томе зашто се занима за грчку књижевност, одговорио ми је једноставно: „Зато што је написана на грчком језику, који знам 100%. Друге знам у неком мањем проценту, 60%, 70% и не сањам на том другом језику", поновио је. Грчки језик има дубоку дијахронију, која обухвата многе појаве. У књижевном делу све је на своме месту кад су signifié и signifiant у потпуној сагласности. То је основ за комуникацију, јер књижевност хармонизује целину која човеку даје осећај времена, закључује Вајена.

Зато се Вајена интензивно бави и критиком погрешно схваћеног постмодернизма и тривијалности глобализације у култури, пишући о Дериди (о коме код нас у Србији нема праве критике, значи ни правог разумевања) и о још једној теми, која је некако, у многим нашим неприликама протеклих година прошла скоро незапажено, а то је тзв. „случај Сокал".

У погледу превођења Вајена радо полази од мисли Пола Валерија да је идеалан превод онај који различитим средствима пружа аналогне резултате. Истраживање тих средстава он сматра предметом теорије превођења. У ту сврху проучава преводе великих грчких песника, као што су, на пример, Андреа Калво из 19. века, или Јорго Сефери данас. Сеферијеви преводи Елиотове *Пусте земље* у Вајенином тумачењу могу бити веома занимљиви и за нас, управо у смислу у ком српски аутор Јован Јанићијевић настоји да конституише једну *Преводну историју српске књижевности*.

Била би потребна темељна студија да би се проучило и презентирало теоријско и критичарско дело Наса Вајене. Тога још нема ни на грчком, иако су на Кипру, на чијем новом универзитету он често гостује, припремили две публикације које помажу истраживачима грчке књижевности уопште. Прва је *Библиографија Наса Вајене 1966–1996*, издата 1997. године (133 стр.)[8] и *За Наса Вајену – критички текстови* из 2001. године (321 стр.). Аутор обе књиге је Сава Павлу. Поновљених шест-седам издања његове кембричке тезе о Јоргу Сеферију, на грчком, показују трајно интересовање и значај ове његове студије. Вајенини текстови о Кавафију можда најбоље објашњавају овај специфичан песнички феномен, чији се утицај на модерну поезију не смањује како време одмиче, него се, на против, повећава. То доказује и необична књига *У дијалогу с Кавафијем*, коју је Вајена објавио у Солуну 2000. године. Ова специфична антологија „кавафогених песама" на 380 страна приказује 135 песника из 36 земаља[9].

У најновије време се Вајена занима претежно за две теме: за погрешно схваћен и у Грчкој погрешно примењиван постструктурализам у књижевној критици и истрошеност слободног стиха као јединог модерног про-

---

[8] Занимљиво је да су укључени и његови преводи и неки интервјуи на српском.

[9] Српски прилог припремила је Ксенија Марицки Гађански, са седам заступљених песника (Иван Гађански, Иван В. Лалић, Предраг Богдановић-Ци, Иван Негришорац, Драган Драгојловић, Миодраг Павловић и Јован Христић).

содијског израза. „Ослобађање поетског говора од метричког стиха обележило је двадесети век. Међутим, претерана и неодговарајућа употреба ове просодије свела је на најмању могућу меру разлику између песничког и свакодневног говора". Промене у просодији настају, свакако, под притиском промењеног сензибилитета, што је у 19. веку одвело до ослобађања од метричких схема у поезији. Песнике који су у Грчкој у следећем двадесетом веку користили слободни стих звали су неотерицима. Признајући све повољне и добре стране овако писане поезије, Вајена сматра да је искључива и комотна пракса писања стихова „без икаквог реда", без икаквог поетског ритма и просодијске оркестрације, довела поезију нашег времена у експресивни ћорсокак. Иако се његова критика на песничку ситуацију односи пре свега на Грчку, у крајњој линији она обухвата и дехуманизовану теорију постструктурализма и у Европи, која је, апсолутизовањем хегемоније језика, укинула улогу песника и његов идентитет. Стога је он као очекивану појаву и поздравио „опоравак хуманизма" у књижевној теорији, како и гласи наслов једног његовог текста.

За крај, наводим његову минијатуру *Поезија и усамљеност* из циклуса *Поезија и реалност*, која добро осветљава личност и погледе овог савременог грчког аутора, који се у схватању идеалне равнотеже враћа на античке философске корене:

ПОЕЗИЈА И УСАМЉЕНОСТ

Оно што се прича о усамљености песника је мит. Поезија је супротна усамљености (човек који пише или човек који се осећа поетично) стрепи од усамљености мање него било ко други, зато што има поезију.

Усамљеност настаје углавном онда када се човек налази у расколу са самим собом, и онда када не може да комуницира са другима – могућност комуникације с другима је резултат, не узрок усамљености.

Ако је поезија понирање песника у најдубље слојеве своје душе, онда је она и пут за самоупознавање – делотворан начин да неко комуницира са самим собом. Песник је најуравнотеженији човек, поред свих прокламација и бајки о супротном, уравнотежен у суштинском смислу речи, не под фирмом површинске равнотеже. И управо стога што човеку помаже да боље схвати самог себе, поезија олакшава његову комуникацију са другима.

Песме

ПОЉЕ АРЕСОВО

Nel solco del' emergenza
MONTALE

ОДБРАНА

Без обзира на збивања ја нисам променио своја
                                    уверења.
Остајем исти с истим идејама
забоденим као трн у мој мозак. То се
ствари око мене мењају непрестано.
Висина зграда. Цена аутомобила.
Мишљења мојих пријатеља. Остајем исти
с идејама које су ме обележиле неизбрисиво
с идејама које ми улазе у лобању као мрави.
Можда одатле потиче прозна природа
мојих стихова. Очигледан
недостатак лирског одушевљења.
Због чега многи моји пријатељи
на мене гледају сажаљиво
као на изгубљен случај
као на неиспуњено обећање.

МУКА

Збунио сам се опет у својим метафорама.
Речи ми измичу. Падају
као сребрњаци за издају.
Моји стихови ме излажу.
Они раде по своме.
Искривљују моју личну визију.
Подсећају бесрамно песнике на пад.

А ипак су прве речи биле тачне.
Први стих сјајан
у изражавању осећања.
Али се брзо
искварио сећањем
на неке страшне туђе
песме.

ПРЕДСТАВА

Стигао је час да ти изађеш. Али ниси изашао.
Ниси ни дошао у позориште. Остао си код куће
и гледао дрвеће кроз прозор. Или си се уморан
окренуо на другу страну
пре него што те ухватио сан.

А они треба да прате ћутке.
Да се питају шта се збива. Да траже
у очајању очигледне празнине.
Непредвиђено ћутање и паузе.

ПРЕДСТАВА, II

                              а нека си
једно од споредних лица у драми.
Једно од оних која отварају сцену. Секунданти су
јунацима у часу двобоја. Пратиоци су
краља. Или нестају у првом чину.
Ипак остају скривени у задњем делу
сцене (тамо где се картају
равнодушни механичари и електричари).
Мотрећи кришом иза завеса
како лешеви падају један по један.
Чекајући време да изађу
када су их сви заборавили
када нико више њих не очекује.

СМРТ У ЕКСАРХИЈИ

Рекли су ми да си умро. Али ја те опет налазим
у кафани како играш тавли коцкицама са живима.
Чак и добијаш. Имаш и кравату.
И то ти који је за живота никад ниси носио.
Који се никад ниси мотао по градском тргу.
Који си се увек склањао у кућу
посматрајући без речи суседе и пролазнике.

Рекли су ми да си умро, коме да поверујем
нестао си нагло не изговоривши ни реч
не оставивши икакву поруку
капци на твојим прозорима затворени, звоно на
                           вратима покварено
твој пас тужан а светла погашена.

Да ли постојиш или не, коме да поверујем
како ти се глас променио
остали не говоре, гледају како играш
гледају како се смешиш док бацаш коцку
и стално добијаш, стално добијаш.

А ти ниси био навикао да добијаш, увек си био
                                         губитник.

ДОЋИ ЋЕ СМРТ

Доћи ће смрт и наћи ће ме изненада.
Та смрт која ми прави друштво
од јутра до вечери.
Скрива се у мом оделу и коси.
Појављује се неочекивано као мрља на кошуљи.
Убоде ме у непце као корица хлеба.
Или се као лака језа појави
на кожи.

Ти ћеш спавати без подозрења. Ипак ће ти
груди стајати престрашено у мраку.
Ослушкиваће кораке на степеништу.
Шкрипање врата. Зуриће
у сенке на прозору целе ноћи.

Нећу завршити чак ни ову песму.

КУПАТИЛО

Држао сам те голу у рукама
много ноћи.
Две дубоке огреботине на твојим раменима
обојиле су зидове црвено.
Понекад би отворила очи.
Усне су ти мировале.
Твоји зуби голи испод лампе
одсликавали су моје раскомадане груди.

Смрт
између
твоја два даха.

ПАРТИЈА ШАХА

За Косту Стерјопула

Како да те победим.
Играш са мном како хоћеш и узимаш ми
пешаке једног по једног, опкољавајући ми
топове и плашећи ми коње
који туку збуњено на све стране.

Али како да те победим кад се
чак и моја краљица одшуња
и превари ме бесрамно на пољима
с твојим пешацима и ловцима.

О ЈЕДНОМ РАФАЕЛОВОМ ДЕТАЉУ

(„Incoronazione della Vergine")

Невидљиви анђели
видљивог неба
држе рукама харфе
по којима свирају ножевима.

РЕЧ ВРАТА

Тако док сам писао песму
реч врата се
отвори уз шкрипу
и ветар уђе у кућу.

ПОЉЕ АРЕСОВО

(*нацрт*)

1

А птице не певају. Лете изгребане као кугле.
И тела на тлу као бачене коцке.

2

Остају једино
прах на твојој коси
старе песме.

3

(Нисам знао да живот затамњује смрт.
И да је небо гроб зарастао у коров).

4   (*анђели*)

Дошли су.
Чујем кораке
на плочицама.

5

Чујем закуцавање ексера. Звук кола.
Осећам на својој кожи смисао ствари.

6   (*они нас гледају*)

из дубине прозорâ.

7

А кад су му извукли
копље истекла му је
сва крв.

8

Зашто зашто ајy
Не говоре који знају. А говоре који не знају.

ОДА
(*одломак*)

Отаџбина је мрачна ћелија. Огуљен зид.

Отаџбина је инвалид на аутопуту. И откинута
 нога у музеју.
Смрт кондуктер у јутарњем аутобусу.
Гавран избледео на сунцу. Балега на
 трави.
Бакица у канти за ђубре и пас на јастуку.
Отаџбина је ово тело. Колена која не чекају.
Црква с осакаћеним свецем. Дрвеће с обешенима.
Запуштена већина живота. Запуштена већина
 смрти.
Споменик Велестинцу и споменик Маврокордату.*

---

* Велестинац: Рига од Фере, познат и по свом родном месту Велестину, национални борац Грчке за слободу и песник, кога су Турци убили у Београду 1792. године (прим. прев). Маврокордато: грчки политичар, пример лукавости (прим. прев).

БИОГРАФИЈА

I

Опет се огласило пролеће. Расте зеленило. Цвеће мирише опојно. Јабуке

Падају на тле и подсећају на гиљотину.

Кад би дошло до револуције. Одједном да падају главе а уместо њих

Да не израсте ништа.

А после много година да се ослободе тела. Да лутају около.

Успомене на бивши режим.

II

Мрак се пење по мени. Биљка. Њу заливаш крадом увек у подне.

Онда је ту и твој дах. Затвара ме са свих страна као бодљикава жица. Испод коже ти

Постоји седам градова. Један дубље од другог. У сваком

Кола непрестано вуку тог славног покојника око зидина.

III

У плавом аутобусу. Са сто десет километара на сат. Јурећи испод ужареног неба.

Међу четрдесет ознојених људи. Који пуше. Сањају. Или једу сендвиче.

И један средовечни шофер с марамом око врата. Који повремено пљуне кроз прозор и мења

Касете са старим песмама.

Све ће се те песме заборавити. Од аутобуса ће постати старо гвожђе. Од људи земља.

Тамножути човек са залисцима и плавом кошуљом поред мене каже да он иде у Катерини.

IV

Зато што је Аксиос најдужа река у Македонији. А таблице са CD означавају дипломатски кор. А 25. јул је

Годишњица Термопилске битке. Зато што поново видим

Спремачицу са влажном крпом за под. Зато што разазнајем

Њену косу на небу између Ориона и Андромеде

(Која је била Кефејева кћи. Хеленова мајка. Антинојина сестра).

Држи ципелу у руци. Посматра је с пажњом. Као да посматра линије на длану.

Прстом додирује ексер који је вређа.

V

Ту сам поново у тами, наг. Љубав ми се раширила по целом телу.

Грлим те. Одлазим на небо. Лебдим у васиони.

Ти остајеш на земљи. Усијаних потпетица. Залепљених за асфалт. Влажна

Шума ти пресеца тело с краја на крај.

Ноћу ме буди трава која ти расте на кожи.

VI

Главе тешке од ненаписаних песама посматрам звезде.

Звезде. Тако се каже. Небо не постоји.

Анђели ишчупани из корена лутају земљом. Беспослени. Одсечене косе.

(Онај високи с пајалицом има крила под кошуљом).

Када се смрачи, силазе у таверну. Напију се. Пљују и псују.

VII

Април је топао. Црвеног лишћа. Ноћу.

Чујем га како се шкрипећи провлачи испод земље.

Некад ми пробуши обућу. Пење се благо. До колена.

Остатак тела и даље је у тами.

VIII

Читаш новине. Последње вести су прастаре. Твој глас

Испуњава собу земљом. Нема никога да помогне.

Дан је од гвожђа. Четвртаст. С прашином по угловима. Смејеш се

И седаш пред огледало да нашминкаш очи.

Ја уклањам земљу из косе.

IX

30. септембар 1970. У купеу са меким седиштима читам

О смрти Александра Керенског у Берклију у Сједињеним Државама.

Нисам знао да је жив. Никад на то нисам ни помислио. Пола века далеко од Зимског дворца... О тамни возу.

Ниси Лењинов воз. Само обична композиција на линији Солун – Атина.

Која никад неће стићи у Петроград. А ја

Без застава. Без објава. Са кофером пуним брошура у боји. Ни једног

Немилосрдног комесара. Ни секретара локалног комитета.

Само путујући представник неке козметичке фирме.

Са маштом. Са савршеним познавањем тржишта. Са великим изгледима за унапређење.

X

Тело ми је уплетено у твој нервни систем. Не могу да дишем.

Ти не кажеш ништа. Само ме стежеш. Стежеш ме све више и више.

XI

Зашто даље? Кад видиш увек само иста места.

Високо небо. Прекривено плавим. Испод њега се провлачи зелено. Дрвеће

Цвета на начин који не разумем.

Пролазе камиони. Човек који седи крај мене говори и противречи самом себи.

Чула ми клизе из тела. Нека лепа жена

Тело јој изненада потамни. Као фотографија кад се осветли.

XII

Сиво. Зелено. Жуто. Наранџасто.

Црвено с нијансама. Црвено без нијанси.

Смеђе. Доле – црно. (Тамноцрно). Још ниже твоја лепа глава.

Бело. Као одсечена глава статуе. Која се никад не може наћи.

XIII

Толико ствари у ваздуху. Папири. Новине.

Дрво окренуто наопако. Сто. Фотографски

Апарат. Квака на вратима. Врата.

Кроз која пролази смрт.

XIV

Потамнела светлост. Осакаћена. Делићи мрака

Лепе ми се по коси. Чују се кораци. Врући ветар

Носи папириће и отпатке. Људи се претварају да некуд одлазе.

Лудак ампутираних прстију смеје се гласно.

На крају улице два слепца свирају националну химну.

XV

Вечерас се нешто догађа с небом. Лако се мрви. Постаје врела прашина и лепи се за прсте.

Моје тело хиљаде збрканих вена. Које склизну на твоју кожу и прекрију је.

XVI

Као неко што трчећи стиже на пошту с препорученим писмом. А пошта је управо затворена.

Као неко што први пут ступи на страно тле. А не зна ни једну страну реч.

Стојим непомично на степеништу трга Синдагма. Са самогласницима стиснутим у грлу.

Стране банке. Банкомати. Велике радње. Неонски натписи се пале и гасе

По ознојаним лицима и изокрећу убеђења.

Евнуси певају Интернационалу. Једног безначајног стихотворца

Зову песником. И они који су једном бичевали трговце у храму

Имају сада своје шалтере у централној сали...

Подигнуте крагне улазим у последњу четвртину века.

XVII

Земља се диже. Стално се диже. Прекрива те.

Ти не чиниш ништа. Чекаш кишу. Да проклијаш, како кажеш. У то, наравно, не верујеш.

Кад би било птица било би грана. Кад би било грана ти би била једна.

Свакако не највиша. Ипак довољно јака да неко може да се ослони ногом.

XVIII

Велики. Тешки знакови питања. Високи као човек. Обрнути.

Људи пролазе изнад њих пазећи да их не нагазе.

Чује се бука. Пуцњи. Сунце паркирано

Изнад стубова Зевса Олимпијског. Мало даље странци фотографишу

Погинуле у грађанском рату. Они гледају немо. Међу голубима.

У позадини Стари двор и Споменик незнаном јунаку.

XIX

Отаџбина. Издана отаџбина. Ко би то поверовао.
Да ја сад седим и пишем патриотске песме.

Кроз јако заковане прозоре чују се гласови живих.

Мртви се буде. Обувају ципеле. Пењу се

Широким покретним степеницама плачући тихо.

Уплакани се пењу на електричне стубове.
Одврћу сијалице.

Крупни комади славе лебде у мраку.

1975–1977.

РОКСАНИНА КОЛЕНА

РАПСОДИЈА

Љубав је доба дубље од пролећа
кажеш. Опкољава нас
као канал из кога је немогуће
да неко побегне.

Ја нисам ништа рекао.
Посматрао сам дрвеће.
Или тачније птице
на дрвећу.

(Пролазили су камиони).

Затим је почео да дува
снажан ветар.
И киша.
Птице су стално
мењале гране.

Поново се појавило сунце.
Дивно црвено сунце
сијало је као пре.

Сијало је на све што постоји.
Тачно на оно што постоји.
Ни мање.
Ни више.

ДОРУЧАК НА ТРАВИ

Голуби шврљају по избледелом зеленилу горе-доле.
Покрај тога је твоје тело. Правим

фотографије. Апарат снима твој смртни део.

(У дубини језеро. Дрвени мост. Непомичне патке.
Љиљани у води).

Почиње да сипи. Киша износи на светлост заборављене пукотине.

Мало даље једна жена би да оде. Ухваћена у мрежу својих бора.

РОКСАНИНА КОЛЕНА

Није део вечите истине то што носиш љубичасте потпетице са златним алкама на врху. Нити што покушаваш најлепше делове свог тела да отмеш зубу времена. Зелено лишће с буком пада и покрива земљу. На тлу изгледа да га је више него што се могло замислити. Размишљам, ако постоји смрт, то је пре свега њена тежња да преокрене природни ред ствари. Пружи ми руку. Време не лаже и од толиких његових тврдњи можда ти нешто остане

на кожи као сасвим мали део бесмртности.

АЛФА И ОМЕГА

Ни боја неба. Ни дрвеће раја. Земља. Звезде. Море.
Или су ливаде

могле да преваре анђела
првог дана стварања.

Крила су му била од најлона.
Његов мач од картона.

Огртач му је старо
памучно платно. Лоше сашивен.

Могли су да га
увере. Једном за свагда.

Да је трава заиста била
зелена.

СТУДИЈА О СМРТИ

Постоји само једна смрт. Она што се мота около у гуменим сандалама у грудима.

Са тешком четком. Скупља ђубре. Доводи осећања у ред.

Чисти све прашњаве углове.

Као чистачица која годинама
чисти једне те исте канцеларије.

Превела
Ивана Гађански

ХАИКУ

Птице из овог града отишле су сам бог зна куда.
Остало је празно небо. А испод неба празно дрвеће.
А испод дрвећа мрачни мопеди.

РОЂЕЊЕ АФРОДИТИНО

Једног дана ћу те ставити у шкољку.
У бели облак који ће вући голуби.
Обући ћу те у црвени вео. Са цвећем.
Дуваће благ поветарац.

Или ћу те ставити
у гај с мирисом јабука.
На прозор са зеленим лишћем
и плавим потоком у даљини.
(Изнад тога ће летети амори).

Ботичели је осетио сличну потребу
кад је ставио своју жену да му позира.
У тренутку кад се све завршило.
Само мало пре растанка.

СОНЕТ

Остави ме
ове ноћи
да прођем
месече.

Црвеним
оком својим
обележи ми
груди.

Као
цариник
кредом

кофер
који је прегледао
непажљиво.

ОДА

Колико год изграђена гвожђем и бетоном ти си у основи стара турска кућа.

Године падају по теби дижући облак прашине. Кроз њега кашљући пролази Историја.

Зашто је твој снег тежак као мермер? Зашто голуби, који кљуцају по твојој трави, одлазе кричећи?

Ти си плоча на 33 обртаја која је се врти на 78. Плави аутобус са сломљеним крилом.

Грчка, чији ти се прсти заривају у грло? Погнута нада мном бљујеш крв и вечност.

EXPLANATIONS OF LOVE

Постоји време кад љубав почиње и време кад се љубав заврши.

Као батерија у транзистору коме недостаје кабл да се укључи у струју.

Постоји кратки спој два тела.

Дубоке речи. Велике као мостови који повезују једну половину града са другом.

Плава кошуља коју носи плава жена смешећи се а ништа испод кошуље.

Смрт чврсто привезана за столицу с марамицом у устима и лицем у празно.

Постоји тајни рачун који ће не знам после колико година бити исплаћен.

Зној на челу. Свежина на кожи. Топла замућеност у зеници ока.

На основу свега овога (и још понечег) могао бих да кажем шта је заправо љубав.

Два пара преврнутих ципела. Мало нежности. И Шкрипање кревета.

ИНКА

Пепео на кожи.
И свећа у џепу
за мрак твог гласа.
Постојало је доба кад није постојала Америка.
Али то је доба прошло.

Као што је прошло
и доба наше љубави.
Отада су овамо стигли
први бродови.

ОРФЕЈ У ГОРЊЕМ СВЕТУ

Донели су пред прозоре гране. Посадили и неопходно дрвеће. Ипак куће имају и канализацију. Уске, хоризонталне цеви као вене преносе у доњи свет остатке дана.

Од таквих је материјала начињен живот. Од таквих је цеви изграђен. Следи ипак њихову замишљену пројекцију и – ко зна – можда једном сретнеш Еуридику.

У ПОДНОЖЈУ ХИМЕТА

Постаћу сатир. Ловићу те белорука дријадо.

Кроз шуме и црно грање. Додирнућу ти косу.

Ништа нећеш носити. Осим једино

Сасвим мали делић своје душе. И он прозрачан.

Као поништен смоквин лист.

ЧИСТЕ ЗАВЕСЕ

Љубави које волим и страсти које допуштам:
Врела кафа ујутру.
Читање (што је могуће спорије) новина.
Киша повремено да испере осећања.
Земља на твојим новим потпетицама.
Море поподне с мало облака.
Каранфили. Много каранфила.

Још:
Шагалов „Човек који скаче над градом".
Да се пењем старим дрвеним степеништем.
С руком на твојим грудима.
Неке Кавафијеве песме.

Ипак пре свега с руком на твојим грудима.

ОПШТИ ПОГЛЕД

Изнад земље плаво небо
– плаво кад нема облака.
Изнад облака
оно што постоји на небу.
Или боље
Дрвени таван наше љубави.
Где ноћу јуре мишеви.

Испод тога је све остало.
Дрвеће. Куће. Фабрике. Поља.
Аутомобили. Степенице. Станице метроа.
Дрвеће. Куће. Фабрике. Поља.

CODA

Твоје тело је град
који је захватио пожар.
Моје тело је обоа
која свира Вивалдија.

ДИВНО ЛЕТЊЕ ЈУТРО

(*незавршена слика*)

Дивно јутро. Пуно светлости.
Дува благ поветарац.

Чудесно сунце Атике.
Тамно плаво. Беле птице.

Тамо доле вреле
столице на песку.
И наравно море.

Ипак недостаје макар неко дрво.
И неки брод у даљини. Да покаже

да је могуће
да се отпутује.

СКОРО ЉУБАВНА

Све дивље животиње се пењу на твој кревет. Дува неки ђаволски ветар.

Грло ти је клизаво стабло. Дрвета на које узалуд покушавам да се попнем.

АНАКРЕОНТСКА

Треба да поново нађемо
светлост месеца.
И наше велике усне
да додирну
црвене груди
пролећа.

Са визијом
музике која се чује први пут
да нежно утонемо
у наручје природе.

Која ће изнети све
своје боје.
И неће избледети.

КАЛВО У ЖЕНЕВИ*

Старо канабе. Шкрипава столица.
Навучене завесе. Узан сто.

На полици Алфијеријеве трагедије.
И љутита Фосколова писма.

Зима. Леден ветар. Киша. Река.
На другој обали гроф Capo d'Istria

шаље поштом писма у Петроград.
И чека. Чека. Чека.

Ноћу у тешком капуту шета
по постојећим и непостојећим улицама:

Grand' Rue. Place St. Germais. Rue Beauregard.
Слободе. Rue du Soleil-Levant. Врлине.

Или пише нешто на искварено грчком
на хартији позајмљеној из клуба Société de Lecture.

---

* Андреа Калво (1792–1869), чувени грчки песник ода с острва Закинта у Јонском Мору (прим. прев.).

ОБАЛА ВУЉАГМЕНИ*

Моја сенка пада на тебе. Сече те надвоје. Један твој

део (онај бели) одлази на небо.

Други тоне у земљу. Вуче ме. Кроз тамно камење и корење.

На неко друго небо. Дубље. Плавље.

---

* Приморски део Атине (прим. прев.).

ЛУТАЊЕ ОНОГ
КОЈИ НЕ ПУТУЈЕ

Sob on the long cool winding saxophones
　　　　　CARL SANDBURG

ПТИЦЕ, И ДРУГО

Заволимо оно што треба да заволимо. Нпр. сиву тиху кишу. Или врат неке жене.

(Не сећам се ко је рекао: „Љубав су врата без кваке". Другим речима: прелива нас јака плава светлост угашених звезда).

Запливајмо без пераја у тишини без бора. Одлутајмо до најудаљенијих анемона.

Али се, изнад свега, вратимо како треба да се враћамо. Тријумфално. Трубећи демонски.

БЕЛЕШКЕ

Нека се богињи месеца испева химна. Годинама сам јој бојио папуче. И није ме заборавила.

Синоћ касно пре но што сам заспао засветлела је на мојој кожи: с укусом невена.

И свеж ветрић на челу. Као кроз разбијено стакло.

ФИНА ГОМИЛА ПРЕДМЕТА

Зачуле су се дакле и овде. Оне речи толико ћутљиве. Које прождиру небо.

Одломци неког непознатог стила. Који се на неким местима завршавају неочекивано. Са земаљским материјалом:

Једна фина рука. Један глас. Сумрак као љубичица. Познати

звук потпетица на плочнику. Или твоје вреле груди (то изнад свега).

Гледаш у мене са косом утонулом у бескрајну будућност.

НАЧИН ЗА ПОСМАТРАЊЕ НЕБА

Туга ми се – целог викенда ван града – вратила с лицем поцрнелим од сунца.

Ево теме: „Деловање ултраљубичастих зрака на изграђивање савести бесконачности".

Тачније: Кад сијају златни зуби зоре...

Али су светлост изнад свега твоје беле руке.
Које се истичу – као Микена – из смрти.

УНУТРАШЊИ МОНОЛОГ ГЕОРГИЈА ХОРТАЦИЈА*

Све дрвеће корача ка шуми
да се уједини с нечим што га превазилази.
Шума корача ка другој шуми.
Бик према Пасифаји.

Грешке природе исправља наука.
Пенале пуцају они извежбани.
Прамац је увек оштрији од крме.
Љубав од судбине.

---

* Георгије Хортаци (седамнаести век), велики грчки песник са Крита, вероватно из града Ретимна, заједно са В. Корнаром главни представник тзв. Критске књижевности (прим. прев.).

ОДА МЕСЕЦУ

Малу покретну пукотину светлости нећеш избећи, не жури толико. Донећу ти петролеја. Насећи ћу ти цвећа које још мирише. Поклонићу ти марку за писмо. Певаћу ти жалосним гласом величанствену песму песника, сомотску химну ноћи, из које ионако црпеш свој драгоцени смисао.

ПОПОДНЕВНА ШЕТЊА БАСТЕРА КИТОНА

Црне птице на обалама истине.
Река тече. Не зна куда одлази.
Чујем хучање мора
иако се море не види.
Ознојен све до јутра.

Пролази сиви мерцедес.
Пролази продавац ђеврека.
Пролазе птице.
(Црне птице).
Бајке казују истину.

Можда говоре једину истину.

ДРЕВНА ПЕСМА

Претвараш нови дан у стари тако што неке јутарње боје једноставно преместиш. Затим има и ветра. Дува снажно бркајући чињенице. Открива наборе истине о којима нисам ни сањао. Да су ти очи од камена, нпр.

Додирујем твоје груди. На равној позадини зеленог мора

личе на тамне коцке. Бачене вековима раније.

ЈУТАРЊА

Небески петлови отварају своје мермерне очи. Дугачких трепавица. Које улазе у моју судбину.

Гледам мајстора који се попео да одврне електричне сијалице.

Сигурно ће ме нешто напустити. Сигурно

дан који настаје није данашњи.

ЛОРД БАЈРОН У РЕТИМНУ

Дошао сам касно. Јако касно до тебе Ретимно. Са прашњавим морем и бескорисним минаретима.

Сада покушавам да одмотам твоје улице с једног клупка.

С твог неба виси нека стара ужад. Трошна.

Све су ме твоје куће напустиле.

ТЕСЕЈ

Тесеј у Ретимну је нешто више од седам нежних девица и две влажне ноздрве које се испаравају у мраку. Он је, рекао бих, много више од тога. Силази скоро увек на погрешној станици, и стога пре свега настаје разлика. Све зависи од квалитета екстазе. Наравно у оно доба кад су краве нешто значиле, ствари су биле друкчије. Сада девојке не знају од чега је начињена љубав, а то их ипак не спречава да тумарају сасвим голе, макар и метафорично. У последње време нико не умире од љубави. Тако се враћаш кући свако вече пушећи, неутешан, ознојане коже која сија од самоће.

ЉУБАВНЕ ИГРЕ

I

Као индијска монахиња. Својом сићушном мишљу испуњаваш бескрај.

То ми продире дубоко у вене. И потискује све.

Љубав игра билијар с крвним зрнцима. С цигаретом залепљеном за усне.

II

Хималаји су Шивин смех. Као што ветар настаје од самогласника из твога имена.

Он дува непрестано.

Пред ноге ми падају црвени месеци Ретимна. Мрак протичне бешумно. (Рекао бих, скоро нежно).

ХОРХЕ ЛУИС БОРХЕС НА УЛИЦИ ПАНЕПИСТИМИУ*

Наџивевши своју смрт
пипајући пробушено сунце атичко
пењеш се полако уз улицу Панепистимиу с финим
и повијеним Честертоновим штапом.

Борхесу ослепљени.
Полифеме.
Твој глас ми освежава кости.
Дубоко у себи ти си Грк.
Светлост ти се сместила на раменима.
                                    Иза
твојих црних опни разазнајеш
опијену Соломову** сенку.
У црном таксију прати те Хомер.
Пробдевши ноћ.
Неочешљан.
Гасећи цигарету једну за другом.
Подиже новчић
који повремено пада
са твојих сјајних зуба.

3. сейшембра 1983.

---
* Улица Панепистимиу (Универзитетска улица) у Атини, једна од главних улица које спајају тргове Синдагма и Омонија (прим. прев.).
** Песник Дионисије Соломо (1789–1857) с острва Закинта у Јонском мору, највећи грчки песник 19. века (прим. прев.).

ТЕРЦИНЕ

Тело ти више не преноси љубав.
И сунце се повукло у један сув
угао бескраја да промени уље.

Дан стално постаје све горчи.
Стално све незгодиији. Сужава се показујући
твоје очи онакве какве су. Онакве

какве су тачно. Дакле ствар је јасна.
По твом мишљењу небо је имало још нешто.
Боју која те је покрила непознатом светлошћу

(или боље непознатом тамом). Боју
необичну. Неприметну. Ипак довољну
да сруши природан ред ствари.

АНАПЕСТИ

Скачеш по осећањима као мајмун. С гране на грану. Али та авантура има и прашњаве углове. Славни песници, густе косе, трагајући за љубављу, крстарили су истим растојањем на други начин.

Али да се вратим на тему. Ово јутро би заправо требало да ми се свиђа. Смрт је отворен прозор који гледа на шуму. Бројим и пребројавам дрвећем своје године и стално неких нема. Никад нисам био добар у рачуну. Или, у крајњој линији, нешто није у реду са дрвећем.

ПОСТАЊЕ

Нисам добро искористио сву своју таму.
Ни бело које сам нагомилао на груди.
Разбацани облаци лебде у васиони.
Ветар непрестано спушта слеђена сећања.
Погледајмо шта за нас остаје у даљем
    Стварању.
Ми смо још увек на средини трећег дана.
    Управо је
почела да функционише светлост.
Земља се још није довољно охладила.
А наравно нема ни говора
о плавом. Видим

драгога Бога између два крилата
лава како својим длетом урезује тамне корале.
Ти се још ниси родила
ни твоје нежно тело наравно.
Стога ни Еденски врт
нема разлог за постојање.
Нити дивно дрвеће. Ни топле птице.
Ни слатко воће које набрекне и распукне се.
Само се змија креће беспослена. Ћутљива
усред пародије боја.

ВАРВАРСКЕ ОДЕ

а са смрћу
непрестано
КАЛВО

ПРЕЛУДИЈ

Ако је меланхолија бол без туге
онда је ноћ безначајан излет.
Нешто само мало више од ничега.
А ипак ми пружа

све што је потребно да неко
крене: хоћу да идем, у пурпурни час
неба кад свиће.
Неки запад

неподношљивих боја. Али и дан
само за мало одлази из распуклине
ничег. А ипак то мало уклања
распуклину одавде довде.

ADAGIO

Свет цео стаје у једну реч.
У глагол који још није изречен.
Као жена која не каже да се скида
а засија.

Ипак одједном дуне и зазвижди
ветар који наметне тишину.
Што год да ти је ко рекао
теби се враћа

са страшћу у уста и окрвави их.
А још смо у другој епоси.
Убрзо се ништа више неће чути
испод снега.

II

Ево ме опет на рубу стварности
четрдесет километара изван Ретимна
до чланака у Либијском мору.
Окрећем се

међу стенама које се испаравају
неумољиво мељући сунце.
Додирујем ти косу која тка
белу таму

дана. (Анемоне
дубоки приговори понављани
вечности одбацују се
сваки час).

Додирујем ти груди где се налази
море. Твоје тамно
тело је нераздвојан
део истине.

IV

Сад је новембар и мрежа се плете
да те умота. Не остаје ништа.
Само мало плаве светлости на твојој коси
а и она нестаје.

Друкчије казано месец поново изговара
речи без слогова које судбину
чине недужном.
Шта да изаберем

ноћ или идеју ноћи?
(Киша почиње да сипи јако).
Дрво или шуму? Корен
или плод?

XIII

Моје старе љубави. Видљиви
тренуци века који неће да издахне.
Месеци око мене стално се разбијају.
Светлост која ме осветљава биће свакако
од угашених звезда.

Целе ноћи чупам осећања
из груди које увек остају зелене.
Сува трава с коренима вечности.
Збуњује ме бука времена.
Силазим

у ноћ дубљу и од оне стварне
с двоструком тамом по угловима
и маглама прошлих употреба.
Ходајући полако, пажљиво
да вас не пробудим.

XIV

Мислим значи мислим на смрт
док дрвеће сриче реч Април.
Има ли ичег да заволим што нисам волео?
Тражим изразе

који одговарају овом поподневу
својим површним бојама које не бледе.
Све се завршавају глупом наранџастом
која прекрива црну.

Која прекрива ништа. Мислим
опет и опет на речи пепео
мрак, сталактит, подрумска врата
лед, судбина.

XVI

Никад нисам разумео жеђ неба.
Нити сам челом додирнуо звезде.
А азалеје (каква је и то реч) најмање
су ме очарале.

Пролази облак из 1978.
Снажан ветар дува из будућности.
Ноћ од мајке целе васионе
постала је

сиво платно раширено у једном прљавом
углу Атике. Огледала ми
стално дају импровизован
превод мене самог.

Један сан: плави лекити тону нежно
у моје груди. Крупна плавуша седи
на коленима времена. Полугола, чупкајући
једну црну маргариту.

XVIII

Ко би могао да побегне од месеца?
Моју кожу покрива месечева прашина.
Ноћ ми стално шапуће у уво
јефтине љубавне речи.

А она чудна биљка сунце
само је пародија истине.
Целога дана се жедно прикрада
динама твојих груди.

Збиру светлости, да ли ћеш некад
престати да задржаваш моју крв?
Када ћеш престати да ми
секунду бацаш као плен?

XXI

Помилуј ми тамну косу
које још има на мојој глави.
Много је врста уживања.
Највеће је

кад изненада падне киша
стављајући све ствари на своје место.
Испирајући у дубини свилене
црне твоје вене.

XXII

Сан поново: стојим на ивици
дана студирајући реторику месеца.
Она несавладива, мирна, строга
говори на западу.

Руже падају тихо.
Нешто као порција бесмртности.
Или би могао неподношљиви мирис
мрака да ме збуни?

О ноћи. Ево дува ветар
ковитлајући у ваздуху
хиљаде листова. Зелених, црвених
жутих, црних.

XXIII

Вечерас ти је тело део времена.
Да ли додирујем облаке или твоју косу?
Од јутра непрекидно падаш
као густ снег.

LENTO

Сад љубичице не цветају.
Само прсти времена
бели и танки

оглашавају се по типкама твоје душе
мелодијом понора.
Без њих би

сунце потонуло на западу.
Прегрејану би те додало
ничему.

Есеји

I

КАДА ПОЧИЊЕ НАША КЊИЖЕВНОСТ?

Одређивање почетака неохеленске књижевности можда је њен најозбиљнији историографски проблем. Истраживачи се не слажу у погледу њеног почетног датума. У историјама неохеленске књижевности покушај овог одређења искристалисао се углавном у две веће хронологије: прва је око 1000. године, претпостављеног доба настанка акритског епа (Камбани, Вутијериди, *Кратка историја...* Константина Димаре, Lavagnini, Knös, Vitti, Лино Полити); друга је 1453. година, са пропашћу Византијског царства (Рангави, Hesseling, Вутијериди, *Историја...*, Mirambel, Кордато). На маргинама ових одређења налазе се и други предлози истраживача, који верују да као хронолошки почетак треба да се одреди 1204. година (франачко заузимање Цариграда), 1708. (година објављивања песничке збирке *Цвеће побожности* и почетак „грчке" хегемоније у прекодунавским областима) или 1821. (хронологија према којој изгледа да се приклања и најновија *Историја* наше књижевности R. Beaton-a[1], 1994).

Као и сваки проблем који је повезан са темама одређења народа и националног идентитета, ре-

---

[1] Родерик Битон, енглески неохелениста, Лондон (прим. прев).

шење проблема о нашим књижевним почецима диктирано је у значајном степену националним истраживањима сваке епохе. Издање, на пример, акритског епа крајем 19. века, као што се догађа у атмосфери националних визија, могло је да послужи захтеву за једном што је могуће дубље у време уроњењеном појавом неохеленства. Циљеви језичке борбе деловали су као још један одлучујући фактор; борбени димотикизам неизбежно је посматрао као сведочанство појаве неохеленства прво састављање делâ на народном језику – па су и Акрита и одређене византијске песме епохе Комнина (*Птоходромика, Спанеа*, Михаил Глика) коришћени као такви докази. Данас, како је после завршетка борбе за димотику критеријум народног језика ослабио и како се наша филологија за национални утилитаризам користи мање него некада, створена је клима за објективније преиспитивање тога проблема. Верујем да су то били разлози који су навели организаторе Другог међународног конгреса средњовековног неохеленства („Neograeca Medii Aevi"), који је одржан у обновљеном (после неких доста скорих недаћа) Грчком институту Византијских и Поствизантијских студија у Венецији (7–10. новембра 1991), да одреде као његову тему почетке неохеленске књижевности.

Управо су објављени и радови са тог конгреса у два тома *Зборника*, који обухватају саопштења 69 учесника (34 Грка и 35 странаца), покривајући девет области истраживања позновизантијске и поствизантијске књижевности: Почеци, језик, стил, метар – Усменост – Издаваштво, методологија – Тематски оквир – Народни византијски текстови – Рани критски и народни византијски текстови – Народни византијски и поствизантијски прозни текстови – Штампари и каснији текстови. Тачности ради, ту имамо две врсте саопштења: радове првог нивоа, који непосредно обрађују проблем хронолошких почетака и оне остале, који парцијално истражују књижевне теме одређеног периода, дајући елементе за прецизније одређење првих манифестација наше књижевности. Не можемо да наведемо овде сва та саопштења, која, и поред своје квалитативне разноликости, чине значајан корпус, репер у историји обраде ове теме. Навешћемо само она саопштења која се директно баве дефинисањем почетака.

Средишње питање скупа резимира председник организационог одбора и директор Грчког института у Венецији Н. Панајотаки: „Исправно је да назовемо неохеленском византијску фазу народне књижевности или, још пре, књижевност првог поствизантијског периода, која као изражајно средство користи неохеленски језик упркос чињеници што хеленофони творци и корисници ових књижевних дела сами себе не одређују као Грке, већ као Византинце, као Ромеје". Одговори на ово кључно питање подударају се у великој мери.

Ј. П. Савиди[2] предлаже дефинисање граница објективније од критеријума народног језика, које садржи два елемента: потврду о изласку из средњег века и карактеристику штампаног облика (као најраније штампано дело наше новије књижевности, које има ренесансни осећај света, он сугерише дело *Апокопос* Бергадија из 1509. године).

---

[2] Јорго П. Савиди (1929–1995), за свог живота водећи неохелениста у Грчкој, пофесор Аристотеловог универзитета у Солуну, на Криту, у Енглеској и Америци (прим. прев.).

Марио Вити (Mario Vitti)[3], који и сам сматра да је проблем почетака неохеленске књижевности део општијег проблема преласка из средњег века у новију епоху, одређује два показатеља појаве неохеленства: свестан циљ писане књижевности (у ономе што се односи на народне текстове) и промене књижевних облика и врста, за које верује да боље од појединачних дела доприносе тачнијем одређењу нових почетака (а оба та показатеља не појављују се пре 16. века).

Hans Ajdenajer (Hans Eideneier)[4] примећује да се ново у хеленској књижевности први пут појављује у 15. веку и постепено стиче тле, док се неговање византијске књижевности наставља и у прелазној епоси, продужавајући се повремено до 18. и 19. века; област у којој се финализује прелазак византијског у неохеленско јесте језички стил прелазне епохе, који, после губитка језичког центра (дакле после пада Цариграда), постаје језички идиом једног пространог географског простора (на пример, Кипра или Крита).

Стилијан Алексију[5] формулише сличне погледе, одређујући као прве фазе неохеленске књижевности кипарску љубавну поезију и поезију критског врхунца, које се истичу својим ренесансним карактером и неохеленским језиком специфичног идиома.

На крају, Ератостен Капсомено[6] сматра и сам као потврду неохеленства цивилизацијски фак-

---
[3] Марио Вити, италијански неохеленист, Витербо (прим. прев.).
[4] Ханс Ајденајер, немачки византолог и неохеленист, Келн–Хамбург (прим. прев.).
[5] Стилијан Алексију, грчки неохеленист, Крит (прим. прев.).
[6] Ератостен Капсомено, грчки неохеленист, Јанина (прим. прев.).

тор и одређује као последицу дуготрајног преласка од византијског до неохеленског („9. век скоро све до 18. века") „прекорачење контрадикције" супротних културних елемената: стапање у једном делу, средњовековног/мистичког са ренесансним/рационалним и њихову промену у једну вишу синтезу, која „се појављује формирана у делима критске књижевности на врхунцу".

Како се види, сва ова одређења одговарају делимично на питање Панајотакија, чија је суштина у којој мери писци дела, о којима говори, имају неохеленску свест. Померање сведочења о неохеленству са народног језика (с којим се неохеленска свест прећутно узимала као дата) ка националној свести (где је неохеленско и архаизирајућим језиком писано дело, прелазне епохе, уколико се његов писац осећа као Неохелен), представља новије усмерење проблема (бар за нас Грке) иако се у наведеним саопштењима са скупа ово усмерење не описује изричито (формулише се мање у виду алузије него раније). Јер, сигурно, елемент ренесансног схватања света није довољан да у неком делу тога периода писаном грчким језиком покаже појаву неохеленске свести. Неохеленска свест означава углавном осећај непрекинутог континуитета хеленства, или бар уверење да се новији Грци повезују везама сродства с античким Грцима (Византинци нису то осећали). Поменута дела не показују такво уверење, нити је очигледно да га у себи унутра садрже. Од оног тренутка, дакле, кад прихватимо да критеријум језика није довољан да *Акрита* или *Птоходромика* буду неохеленски, будући да изражавају византијски доживљај света, требало би да прихватимо да ни *Апокопос* или кипарске љубавне песме 16. века могу да не буду неохеленска дела, јер из њиховог садржаја не можемо да оценимо да ли њихови песници имају неохеленску свест; да се прихвата да су то дела „критска" или „кипарска", то јест да изражавају локалну „националну" свест, састављену од остатака византијског погледа на свет и од елемената западног освајања ова два острва.

На крају, можемо рећи, ако би од нас тражили да одредимо с већом тачношћу почетке неохеленске књижевности, требало би да је ставимо у средину 16. века. Јер, само тада, неохеленска свест (која се наравно појављивала in nuce у хеленофоној већини византијског царства већ од 13. века) изгледа да се развила у степену који нам дозвољава да говоримо о свесној и израженој неохеленској заједници у ширем оквиру хеленофоне већине раније византијске земље. Ипак, будући да до овог тренутка нису пронађена књижевна дела те епохе која јасно садрже свест о неохеленству, откривамо сигурније почетке наше књижевности на крају 16. века, тачније, у првим делима критског врхунца.

1994.

ЈОРГО СЕФЕРИ И ЕВРОПСКА ТРАДИЦИЈА

Европска традиција је за Сеферија један од три елемента целокупног наслеђа грчког песника, како то показују најзначајнија дела која чине савремену грчку књижевност. Остала два елемента су древна хеленска традиција и она традиција која полази од јеванђеља да би постала грчка народна књижевност, која је готово искључиво усмена књижевност. Као и појам хеленства, тако и појам традиције за Сеферија није нешто статично, већ нешто живо и у непрестаном развоју. Традиција није целокупна прошлост једне књижевности, већ само скуп њених живих тренутака, оних тренутака који у свакој епоси задржавају ту своју живост и стога су увек савремени. (Ово показује да једна књижевност може да има прошлост, али да нема и традицију, или да традиција једне књижевности може да буде већа од традиције неке друге, макар да је њена прошлост краћа).

Први проблем за грчког песника јесте да буде у стању да раздвоји живи елеменат прошлости од неживог. Други је да нађе сигнал равнотеже између ова три елемента која чине његово наслеђе. Будући да древна хеленска традиција и она народна чине суштински две фазе исте традиције и функционишу код грчког песника више биолошки, на исти начин горе-доле, изгледа да Сефери, у овој тачки, види тај проблем више у уравнотежености страног елемента са грчким. Реч је углавном о узајамном дијалогу између ова два елемента, што може да помогне грчком песнику да боље пролази оним што је из традиције и да узнапредује према оном што није добио. А везе између тога што је добијено и што још није, представљају врло озбиљан проблем у уметности. Главни проблем је у томе да неко пронађе тачке равнотеже између наслеђеног и ненаслеђеног, између живих елемената традиције и елемената сопствене епохе; и то не одређену тачку равнотеже, већ *једну* тачку равнотеже, зато што не може постојати само једна таква тачка, зато што је веза једног песника с традицијом и са савременим елементом у основи лична веза. Ова тачка, оставља нам Сефери да претпоставимо, може да се налази даље или ближе савременом елементу, аналогно томе за које елементе традиције песник осећа да су за њега живљи, те стога и „модернизми" могу некад да буду најбоља тумачења традиције која постоје. Ново дело, које ће настати, додаће корпусу традиције, са свим последицама које овај додатак укључује.

Област куда теже и уливају се три струје наслеђа грчког песника наравно да је његов живи језик. У сусретима живог језика са струјом стране књижевности, било би потребно да се грчки песник побрине да се не угрози континуитет језика, јер тај континуитет „сам по себи означава континуитет једног света, целокупне области осећања̂ и духовних делатности, свесних или несвесних". Страни елементи требало би да се прилагоде и да се асимилују тако добро у организам грчког језика, док не постану његова крв и месо. Другим речима, требало би да престану да буду страни елементи. Стога став Тима Малана[1] да Сефери није створио него пренео нов укус у наш језик, противречи његовом уверењу о перфекцији језичког израза овог песника. Преношење једног уметничког укуса из једне земље у другу може да буде оствариво у другим уметностима, али не и у поезији, чији је изражајни материјал језик. Боја, уметнички облици, музички тонови, могу на исти начин да казују двојици људи различите националности, зато што је у сликарству, вајарству и у музици дијалог примаоца с уметничким делом непосредан: његова осећања покрећу његов сензибилитет без својеврсне интелектуалне интерполације коју захтева језик.

Песничка емоција, напротив, и укус који може да створи један песник, изражавају се комплексом звукова и појмова толико густим, толико урођеним и толико специфичним, да промена звучних ескалација после њиховог преношења у неки страни језик неизбежно као резултат носи губитак њихове суштине. То јасно видимо у типичној ситуацији кад се покушава преношење неког страног песничког укуса, при превођењу. Чувена дефиниција Роберта Фроста да је „поезија оно што се губи при превођењу" односи се једноставно на губитак оног језичког доживљаја који песми даје њену песничку супстанцу. А схватање да, што је један превод у већој мери песнички, утолико је мање веран, указује да је поетичност неког превода аналогна успешности с којом она изражава укус свог сопственог језика. Обрнувши Фростову дефиницију, без страха да претерујем, рекао бих да превод који звучи као поезија није превод него је оригинална песма, јер изражава је-

---

[1] Грчки критичар (прим. прев.).

дино дух свог језика. У поезији је немогуће да неко пренесе неки страни укус. Или ствара нов укус или не ствара.

Значајнији део борбе, агон једног песника, онај који му помаже више од било чега другог да развије своју персоналност, није његова борба са страним песницима него борба с песницима његовог сопственог језика, обично с онима који му непосредно претходе. Зато што главнину грађе којом изражава свој сензибилитет песник узима из сопствене традиције, од оних стваралаца његовог језика, за које осећа да говоре на начин аналоган оном начину на који би сам желео да проговори. Њих, неке мање неке више, осећа као своје учитеље и непосредне родитеље. Постоји, међутим, обично један или више песника за које млађи песник осећа да им је ближи него другима, и за које бисмо могли рећи да су његови песнички очеви. Ове песнике он цени и одаје им почаст, али истовремено осећа немир пред њима, јер их сматра противницима, главном препреком за наметање сопственог присуства. Харолд Блум, који на опису утицаја заснива целу теорију поезије, да би описао ову везу користи фројдовску аналогију: млађи песник је Едип, који, да би стекао своју мајку, Музу, треба да се ослободи Лаја. Међутим, будући да је одбацивање очинског ауторитета у већој мери свесно него што едиповска загонетка допушта да се то наслути, било би боље да искористимо варијанту мита о Зевсовом рођењу. Млађи песник, ако не жели да га Крон прогута, требало би да нађе неки начин да га неутралише. Најбољи начин да се то догоди – а у томе је помоћ страних песника непроцењива – јесте да га он сам прогута; да прогута најбоље елементе свога претходника, оне које оспорава, јер их сматра својим елементима, и да их поново избаци још снажније, с печатом сопствене личности, излажући истовремено општем погледу елементе којима је био достојан да се приближи.

Мало примера би могло убедљивије да покаже Блумову теорију од Сеферијевих веза са грчком поезијом. Цело Сеферијево дело је непрекинут дијалог са традицијом, углавном с песницима за које је мислио да су изражавали, или да су покушали да изразе, његов песнички идеал.

ЈОРГО СЕФЕРИ И Т. С. ЕЛИОТ

Сусрет Сеферијев с Елиотом има много заједничких црта с Бодлеровим открићем Поа. Ипак, везу између ова два песника могли бисмо боље да опишемо речима којима Елиот описује своју везу са Дантеом: „Врста дуга који имам према Дантеу", пише он, „дуг је који се стално повећава, она врста која није дуг неког одређеног раздобља у нечијем животу."[1] Елиот овај утицај назива „збирним" (cumulative), утицај „чија се доминација временом повећава" (наравно да реч „доминација" треба овде да схватимо у метафоричном значењу).

И заиста, после *Митске историје*, сродност Сеферија с Елиотом се повећава – као што видимо у песмама као „Морнар Страти на Мртвом мору" и „Старац на обали реке" – да достигне највиши степен у *Дрозду* и да се продужи до *Три тајне песме*. Биће потребно да одредимо разлику између те везе и везе која је карактеристична за само једно раздобље у стваралаштву неког песника, које је обично младалачко. Таква је веза Елиотова са Лафоргом, коју Елиот назива „врстом поседовања од стране јаче личности".[2] Таква је и веза Сеферијева са Лафоргом. Елиот и Сефери су, јасно, песници виши од Лафорга и њихова обузе-

---
[1] *To Criticize the Critic*, 126.
[2] E. J. H. Greene, *Jules Laforgue et T. S. Eliot*, 365.

тост овим песником могла се догодити само у време док још нису формирали свој глас. Али с њиховом међусобном везом ствари су друкчије. Њихов случај је случај двојице песника истога нивоа, чија је веза у већој мери могућа не током формирања гласа младог песника, већ после тога – што показује да њихова сродност потиче од сродности основних елемената њихове песничке идиосинкразије.

Што више један песник сазрева, природно је да ти елементи постају све изражении и његове сличности с другим песницима сродне идиосинкразије све видљивије. Најсеферскија песма Сеферијева *Дрозд*, биће истовремено и највише „елиотска". Слика „непокореног града" код Сеферија, на пример, може да подсећа на слику Елиотовог Unreal City, па ипак обе дозивају у памћење визију Бодлеровог Fourmillante Cité. А језгро све три ове верзије настаје из личног проживљавања њихових твораца, које се ферментисало кроз опште проживљавање њихове епохе.

Озбиљнији дуг Сеферијев Елиоту не налази се у позајмљивању одређених стихова нити у областима где Елиот изгледа да је искоришћен као узор. Она решења која је помоћу Елиота дао неким својим песмама, Сефери би начинио и без Елиота, јер су то била решења диктирана потребама његове песничке природе. Озбиљнији дуг његов налази се у тачкама које су мање уочљиве: у охрабрењу које је Елиот дао његовим одређеним основним уверењима (охрабрење које нису могли да му пруже ни Лафорг ни Валери): да песник треба да поступа с језиком с великим осећајем одговорности према својим савременицима и последницима; да треба да развија његове могућности колико год може, избегавајући екстреме који би језик опасно удаљили од његове социјалне употребе; и да музика поезије треба да буде музика скривена унутар заједничког говора њене епохе. За Сеферија је, најзад, то био Елиот а не Валери који је повео песнички израз према музици, оствaривши више од било кога другог Малармеов сан.

За два песника толико у практичним истраживањима, природно је да развију и сродне сличности у својој песничкој теорији. Ниједан песник није толико близак Елиотовим погледима на традицију, на гашење личности и уметничку оригиналност колико Сефери. Њихова сагласност у ставу о улози критике – да дужност критичара није да намеће оцене већ да нам помогне како да осећамо уметност која око нас постоји – само је природна последица њихових погледа на улогу сензибилитета у песничком искуству. Међутим, Елиотова жеља за редом и дисциплином, подстакнута претеривањима романтизма и субјективног идеализма 19. века, и његово настојање око што је могуће веће објективности, њега ће одвести у крајности где ће се фалсификовати његов историјски осећај. У његовим каснијим списима његова религиозна уверења усмериће га на трагање за идеалом правоверног сензибилитета заснованог на догми. Његова идеја о традицији као врсти реда значиће углавном јединство традиције која се ослања на такву правоверност. Трагање Елиотово за традицијом несумњиво креће од његове потребе да се повеже с почецима које није могао да добије од свог америчког порекла. А та традиција и није могла да буде ништа друго него традиција сагласна с његовим пуританским одгојем. У овоме је основа идеолошког разликовања Сеферија у односу на Елиота. Супротно Елиоту, који сматра да је најверодостојнији израз његовог идеала теоцентрична заједница Средњега века, Сефери се надахњује антропоцентричним хуманизмом. Његови грчки корени воде га преко граница хришћанске Европе, у древни хеленски свет, свет који Елиот посматра као свет Еринија, један примитиван свет крви и освете, различит од цивилизације која најављује дух *Георѓика* и *Ајнеиде*. Сефери, напротив, верује у вредности Ренесансе, јер их осећа као производ хеленских вредности.

Ништа не показује боље ову разлику од есеја ова два песника о Дантеу. Док је њихова сагласност о практичним питањима Дантеове поетике потпуна, њихов одговор на дантеовску визију раја раздваја песника који припада свету Вергилија од песника који припада у свет Хомера.

О КЊИЖЕВНИМ УТИЦАЈИМА

Сеферијево бављење књижевном оригиналношћу указује на врсту веза које треба пажљиво испитати јер, реално, представља једно од фундаменталних поглавља његове поетике.

Посматрајући Сеферијево дело у оквиру његове епохе, рекли бисмо да је његов дијалог са текстовима страних песника настао из физиолошке потребе у његовим настојањима да на најефикаснији начин допринесе својим циљевима. Када се нешто ново с неуобичајеном страшћу појави у сензибилитету једне епохе или када стари облици нису у позицији да задовоље захтеве новог сензибилитета, песник нема другог излаза сем да нове елементе који су му потребни обликује уз помоћ стране књижевности. Следећи овај пут, Сефери је следио грчку песничку традицију у најзначајнијим фазама. А не треба ни да заборавимо да су епохе које су највише отворене страним утицајима у уметничком погледу и најплодније. Књижевни процват Августове епохе и италијанска, француска или енглеска ренесанса карактеристични су примери. У Грчкој је довољно да се сетимо критске књижевности и Солома. Сефери је осећао, можда више од било кога другог, прелазни карактер своје епохе, и немогућност дубоке промене без спољне помоћи.

Оригиналност у књижевности није проналажење нових облика него развијање или модификовање већ постојећих облика – па утицаји не чине једног песника мање оригиналним. Напротив, могу да га учине оригиналнијим, иако не нужно и бољим песником. Његова оригиналност биће аналогна степену до ког је способан да асимилује традицију. И углавном је природа његове повезаности са традицијом оно што разликује већег песника од мањег. „Недозрели песници подражавају", пише Елиот, „зрели песници узимају; лоши песници мрцваре оно што узму; добри песници од тога начине нешто друго".[1] Палама, чије су везе са традицијом биле комплексније него код било ког другог грчког песника, каже то исто: „Под неким утицајем, много или мало, не значи ништа; талентованом човеку је то на корист, несрећнику осредњем све је лоше и далеко". Даровитом песнику додири са страним текстовима чине добро, јер се неизбежно завршавају стваралачким сусретом: узбуркају најдубље слојеве његовог сензибилитета, доносећи на површину елементе који би иначе можда остали покопани заувек. Могло би се рећи да је стваралачки утицај врста присећања у платоновском смислу речи – које помаже песнику да постане оно што стварно јесте. Наравно, да би то постао, потребно је да постоји дубока сродност између млађег и старијег песника. Да су елементи које побуди такав утицај они најличнији, видимо из много примера радова или стихова, који би, макар да су најрепрезентативнији за једног песника, друкчије били написани, или не би уопште били написани, да није било контакта с делом неког другог.

---

[1] *Selected Essays*, 206.

Из ових разлога треба да будемо јако пажљиви испитујући књижевне утицаје. Дејство утицаја, као и дејство песничког стваралаштва, јесте процес тако тâман, да свако истраживање његове природе може да нас доведе само до приближних закључака. Обично испитујемо утицаје на основу оних елемената за које имамо или верујемо да имамо доказе, јер није могућно да утврдимо неки утицај чији плодови нису видљиви. Не говорим о утицајима који се називају „негативним", о делима, дакле, на чије стварање води, у већем или мањем степену, реакција једног песника на одређена дела других,[2] него о оним утицајима који делују позитивно и као резултат немају откривање. То стога, јер је утицај, као део процеса песничког стварања, нешто што се догађа више у сензибилитету песника – у процесу песничког стварања – а мање у његовој завршеној песми. Очигледни резултат утицаја на неко дело, од тренутка кад је овај утицај стваралачки, од оног тренутка, дакле, кад је целокупно дело надахнуто духом његовог творца, јесте аутентично стваралаштво тог песника, чини неодвојиви део његовог опуса, и има иста права с другим његовим деловима код критичког процењивања. Према томе, свака критика стваралачких утицаја нужно тежи да буде критика процеса стварања једног дела и, као таква, да мање припада критици а више психологији.

Истраживање, дакле, утицаја, као и сазнање о пореклу једне песме, не помаже нам нужно у бољем поимању песме. Напротив, много информација о настанку једне песме могу да нам отежају комуникацију са њом. Оно у чему могу да се покажу

---

[2] S. S. Prower, *Comparative Literature Studies:* An Introduction, London, 1973, 69–70.

корисним испитивања ове врсте, кад се обављају с неопходном пажњом и обазривошћу, јесте то што она, осим бољег изучавања феномена уметничког стварања, могу да осветле везе једног дела с књижевном традицијом и да потпомогну његово боље историјско локализовање.

ПИКАСО У ПОЕЗИЈИ

Карактеристика „плодан"[1] за Јанија Рица[2] нема много смисла ако не одредимо величину те његове плодности у писању. Јер његово песничко дело (а под тим треба да подразумевамо још 41 његову необјављену збирку) обимом је тако огромно, да, у поређењу с њим, дело обичних плодних песника изгледа мршаво. Оно је, на пример, три пута веће од обимног дела Косте Паламе,[3] које је, са своје стране, скоро двоструко дуже од песничког дела Ангела Сикељана[4], који би се и сам могао назвати плодним песником. Другим речима, Рицо је далеко најплоднији савремени грчки песник (могуће и најплоднији песник нашег века у светским размерама) и то је прва карактеристика те његове плодности.

Друга је њен квалитет. С изузетком његових политичких песама, где је јасно да их Рицо није писао из песничке потребе (свесно правећи уступак својој идеологији), његове песме које падају испод прихватљивог естетског нивоа су много малобројније од онога што би се могло очекивати

---
[1] Грчки πολυγράφος „који веома много пише, плодан".
[2] В. књигу Ксенија Марицки Гађански и Иван Гађански: Јани Рицо, *Грчки профил*, Београд, Народна књига, 1983.
[3] В. Ксенија Марицки Гађански, *Савремена грчка поезија*, Београд, Нолит, 1978.
[4] В. бел. 3.

код тако плодног песника – и то је прави песнички феномен. Не могу да нађем неког песника у наше доба који би у овом смислу могао да се упореди са Рицом. Можда једини уметник с којим бисмо, пропорционално, могли да упоредимо Рица јесте Пикасо, чија је уметничка оставштина, за свој обим, вредна дивљења по квалитету.

Нема сумње да прекомерна количина иде на терет песничког Рицовог дела: постаје незгодна, јер нам отежава приступ његовим најбољим песмама. То ипак не умањује његову вредност, ако вредност једног песничког дела ценимо по збиру вредности значајних песама које га чине. Значајне Рицове песме, оне које одређују његову песничку фигуру, јесу песме такве емоционалне јасноће и такве афективне густине, да сличне не сретамо у савременој грчкој поезији. Верујем да те песме вреднују Рица као великог песника. У овим песмама, које су већином кратке, и које све заједно чине један поетски корпус, не мањи по обиму од корпуса најбољих песама других великих песника, Рицо изражава осећања пропадања и времена (а то су, заједно с блиским осећањем свакодневице, његове основне теме) тананије него Кавафи и Сефери.

19. 12. 1993.

ИРОНИЧНИ ЈЕЗИК

Први пут је Андре Жид чуо за име Константина Кавафија за време његове посете Грчкој, у априлу 1939. године. Разговарао је с Димаром[1], Теотоком[2] и Сеферијем и једног тренутка поменут је Александринац[3]. Жид је упитао коју је врсту поезије писао Кавафи: „Лирску", одговорио је Димара. „Дидактичку", додао је Сефери. После тога је Димара прочитао песму *Град*. Само што је завршио, Жид се обрати Сеферију: „Сада разумем на шта сте мислили када сте рекли: дидактичку".

Ускоро је Сефери променио своје одређење. Нема сумње да је Димара одабрао да прочита баш *Град* као најрепрезентативнију Кавафијеву песму. Такав избор и различита одређења од стране човека који ће постати најозбиљнији историчар наше књижевности и од стране најзначајнијег савременог грчког песника симптоматични су за збрку у нашој критици у односу на Кавафијеву поезију. Како је било могуће да неко пише поезију прозним средствима? Како је могла једна поезија да пренесе емоцију, кад јој језик није био емотиван? Показало се да је проблем користан, јер је

---

[1] Константин Димара, савремени грчки историчар књижевности (прим. прев.).
[2] Јорго Теотока (1905–1966), грчки романсијер и приповедач (прим. прев.).
[3] Односи се на Кавафија који је живео у Александрији. Кавафи је рођен 1863, а умро 1933. године (прим. прев.).

присилио неке наше критичаре да превазиђу психолошке, философске или социолошке анализе и да ближе тумаче сам текст Кавафијевих песама. Најпотпуније резултате таквог тумачења су по мом мишљењу дали Агра, Николареизи, Сефери и Дала.[4]

Ставови Агре и Николареизија садрже се и у Сеферијевим ставовима. Он испитује проблем сложеније, и са становишта облика (песничке лексике) и са становишта садржаја (песниковог сензибилитета).

Сеферијево решење је следеће: Кавафи спада у учену традицију. С таквом традицијом и својом идиосинкразијом није могао да ствара личност. Поезија, ипак, може да постоји и на друге начине: изражавајући људску делатност, на пример.[5]

Ово „на пример" свакако значи да поезија може да постоји и на неки други начин или на неке друге начине ван лирског или драмског. Који су то начини, Сефери не разјашњава. Највероватније под тим подразумева класичну поделу поезије на епску, лирску и драмску. Уверење да поезија у наше доба, онда кад није лирска, може да буде драмска, није у његовој теорији ништа ново. Десет година раније, у свом уводу за превод *Пусте земље* Сефери је писао: „Елиотова поезија није, попут Малармеове или Валеријеве поезије, лирска. Та је поезија у суштини драмска." Али је ново што он у својим есејима о Кавафију престаје да сматра да се то само по себи разуме да поезија (било лирска било драмска) не може да постоји ако њен језик није чулан. Сеферијев је закључак

---

[4] Грчки писци и критичари (прим. прев.).
[5] „Кавафијеви стихови шетају, јуре или су непомични – никада не играју", каже Сефери.

да је Кавафијев језик песнички зато што функционише стварајући драмску емоцију: „Код Кавафија врло често, пише он, док је језички утисак неутралан и неактиван, активност личности и догађаја је толико густа, толико сува, рекао бих, да помислиш како његове песме изазивају емоцију *у празнини*. Та празнина коју ствара Кавафи је онај елемент који успоставља разлику између његовог израза и активне прозе". Кавафијеве песме „показују емоцију коју бисмо имали преко неког кипа који више није ту; био је ту, видели смо га, а сад је премештен. *Показују* емоцију, међутим."

Овим закључком изгледа да Сефери открива једну страну проблема, која се односи на језик код Кавафија. Тему његовог сензибилитета покрива описом преузетим из Елиотовог есеја о метафизичким песницима. Кавафијева поезија преноси емоцију из истог разлога зато што његов сензибилитет фунционише на начин аналоган начину код Џона Дона или код Џорџа Херберта: „са чулним схватањем мисли, с поновним претварањем мисли у осећање." Сефери објашњава како схвата ове Елиотове формулације: Кавафи „мисли осећањем", „осећа својом мишљу". Његов језик преноси узбуђење, зато што је његов сензибилитет „неразумљива мешавина осећања, учења и мисли". Тако се и његово размишљање изражава кроз његов сензибилитет.

У супротности са Кавафијевим језиком, језик метафизичара је чулан. „Ови песници," пише Елиот, „осећају своју мисао толико непосредно, колико мирис руже", зато што се њихов интелект налази „непосредно на рубу њихових чула, искуство осећања постајало је реч а реч искуство осећања". Код Кавафија се не догађа тако нешто, нагласио је и Сефери.

Управо је иронија оно помоћу чега Кавафијев језик преноси емоцију. Празнина, о којој говоре Сефери и Николареизи, само је резултат начина на који функционише иронија. Ако схватимо да је основна карактеристика сваке ироније антитеза између феномена и реалности, и да је највећи и најзрелији део Кавафијевог дела изграђен на таквим антитезама, тада није тешко да се разреши проблем његове теорије. Иронија привлачи емоцију кроз празнину зато што функционише у недостатку феномена, дакле кроз делатност мисли и осећања која се подразумевају или прећуткују. Иронија је несумњиво ментални начин мишљења, који следи његова сопствена карактеристична осећања и његове сопствене емоције. У већем или мањем степену она постоји код свих великих песника – уосталом, речено је да је целокупна поезија иронична.[6] Будући да код Кавафија функционише на тај начин, могли бисмо да кажемо да је његова поезија писана ироничним језиком.

Термином „иронија" и „иронични језик" обележавам врсту експресије коју производи стапање Кавафијеве вербалне ироније с његовом драмском иронијом. Првом Кавафи сугерише значења и осећања којих нема у његовим речима и које су често супротне значењима која те речи изражавају. Другом ствара антитезе ситуација које, сугеришући или откривајући прави изглед ствари, показују да је идеја његових јунака о реалности једно

---

[6] То је схватање Клеанта Брукса, за кога сваки елемент у песми постаје модификација, која је резултат преласка контекста на њега (cf. Cleanth Brooks, „Irony as a Principle of Structure" у *Literary Opinion in America,* ed. by Morton Zabel, New York 1951, p. 729–741).

трагично самозаваравање. Чак и присуство измишљених личности и историјских особа у његовим песмама, које се користе да се реконструишу савремена осећања, јесте облик ироније, вербалне и, истовремено, драмске.

Веза драмске ироније са драмом је фундаментална: судар између супротстављених ситуација, изненадни обрти судбине, изненадно разочарање у наде, све то представља језгро драмске реконструкције. Што је интензивнија људска активност у Кавафијевим песмама, толико њихова атмосфера постаје ироничнија. Али оно чиме се Кавафијева иронија разликује од ироније других песника није толико фреквенција његове драмске ироније колико јединствен начин који повезује његову вербалну и драмску иронију. Стапање ова два елемента толико је сложено и неразлучиво, а значења која се сугеришу толико су многострука, да кавафијевски језик функционише као врста апсорбујућег конуса, који раздваја емоцију читаоца снагом аналогном снази емоције коју ствара чулни језик.

Није без значаја што Кавафи више воли вештачко цвеће од природног, нити што га његова искуства не надахњују непосредно. Што је већа фрагментација његовог сензибилитета, то творац ироничнијим оком посматра свет и то ироничнији постаје његов језик. Колико ја знам, Кавафи је једини пример модерног песника чији је главни извор емоције иронија; једини аналогни пример у прози могао би бити Борхес. Кавафијева иронија је одјек његовог начина живота. Кавафи није Ромеј.[7] Он је Александринац. Стога, ако је иронична поезија покушавала некад да постигне своју

---

[7] Како су себе називали Византинци (прим. прев.).

апсолутну независност, није се могла надати да ће преживети без примене основног канона: ако не избегне велике песме. Будући да иронија функционише с енигматичношћу и згушњавањем, природно је да резултат буде слабији ако је песма дужа по обиму. Чини ми се да је то разлог што је Кавафи инсистирао на кратким песмама, у време кад су композиције са много стихова чак сматране претпоставком велике поезије.

Кавафија је његова језичка природа одвела у неку врсту вербалне ироније, чији исход тешко да је и сам могао предвидети. Начин на који Кавафи спаја димотику са катаревусом[8] (такав ироничан спој је по својој природи исходишно средство ироније) јесте главни извор интензитета његове ироније и, према томе, један од главних извора интензитета његовог ироничног језика, будући да вербална иронија појачава драмску иронију. Интензитет драмске ироније треба да је у наше доба повећан, јер је јасно да је интензитет Кавафијеве вербалне ироније повећан. А то се десило зато што смо превазишли одређене, за почетке нашег века природне, предрасуде у вези са језиком поезије, чињеница којој је допринео и сам песнички језик Кавафијев.

1977.

---

[8] Два идиома грчког језика, народски и учени, који су дуго били супротстављени последњих векова у грчкој култури. Тек пре неколико деценија је званично прихваћена димотика.

У ДИЈАЛОГУ С КАВАФИЈЕМ

Ниједан грчки песник можда није био тако добар критички читалац свога дела као што је био Кавафи. Реченица „Кавафи је песник будућности", која је згодно продирала у широку публику преко уског круга његових обожавалаца, диктирана је очигледно мање сујетом а више сазнањем да ће доћи доба када ће се његова поезија, инкомпатибилна с поетским чињеницама његовог времена, наметнути као велика поезија, не само у ограниченом оквиру савременог грчког језика. Кавафи је знао да ће његов песнички говор, који је с толико труда и толико вештине стварао из наслага разноликих елемената песничких манира 19. века и античке хеленске епохе, да ће бити, уз сву његову специфичност, не само прихваћен у песнички канон, него и да ће образовати тај канон више од онога што обично формира неко дело створено да му се дода.

На то помишља неко кад види размере међународног одјека Кавафија данас. Књиге о његовој поезији објављују се на разним језицима; међународни симпосији организују се у разним земљама; студије с насловима као *Одн и Кавафи, Унгарети и Кавафи, Платен и Кавафи*, објављују се у међународним часописима; његове песме постају тематска грађа великих сликара и музичара; предају се на катедрама не само неохеленских студија него и компаративне филологије на страним универзитетима.

Данашња рецепција Кавафијеве поезије, како код Грка тако и код страних читалаца, добија феноменалне размере, када помислимо како се Кавафи, који је хронолошки стари песник, не чита као да је песник који је био заборављен па се открива изнова.

Што се тиче Грка, студија о његовој судбини код читалаца показује да – за разлику од судбине млађег Сикељана, који, после извесног периода читалачког занемаривања, изгледа да поново стиче уважавање, и то с правом, данас, међутим, као један стари песник – шарм Кавафијеве поезије, од времена његове смрти (1933) до данас, показује узлазну линију, и показује да се Кавафи чита и данас – тачности ради, данас се чита више – с непосредношћу с којом се чита неки данашњи песник. Исто то бисмо рекли и за његову рецепцију код страних читалаца, која се, на нивоу широке публике, осетно повећава после деценије 1960. и касније, кад су песме из Кавафијевог канона (или већина њих) преведене на велике западне европске језике (енглески 1952, 1961, немачки 1953, француски 1958, италијански 1961, шпански 1964). Песник који пише своје песме крајем 19. века и почетком 20. чита се као песник – и то изразито карактеристичан – краја 20. века.[1]

Циљ истраживачког пројекта у Центру за грчки језик у Солуну био је да се региструје Кавафијево „присуство" у делима страних песника, да се прикупе песме које су на било који начин повезане с Кавафијем или с његовим делом, чија је тема

---

[1] Ово доказују пародије на Кавафија. Од 1917–1966: 73 пародије, од 1970–1997: 97 пародија (на грчком).

Кавафијева људска или песничка физиономија или који с њим воде дијалог или су под његовим утицајем. Програм је обухватио 21 земљу и затим 15 земаља, у сарадњи са стручњацима из тих земаља, заступљене су следеће земље: Албанија, Аргентина, Аустралија, Бугарска, Велика Британија, Египат, Еквадор, Италија, Каталонија, Колумбија, Немачка, Португалија, Румунија, Русија, САД, Србија, Француска, Холандија, Чешка, Чиле, Шпанија. Наравно да се Кавафијева рецепција не ограничава само на те земље. У току рада показало се да има кавафогених песама у још девет земаља: Аустрија, Ирска, Канада, Мађарска, Нови Зеланд, Пољска, Турска, Уругвај, тако да је на крају овај збир обухватио песме на 19 језика. Књига обухвата 153 песме 135 песника. 44 песме имају за тему самог Кавафија, 8 Кавафијеву Александрију, преостале песме су повезане с одређеним Кавафијевим песмама, на разне начине, од једноставног цитата једног Кавафијевог стиха до прераде тема разних Кавафијевих песама.

Колико ја знам, не постоји други песник у нашем веку чија би *поезија* инспирисала толике стране песнике. Подвлачим реч поезија, зато што су песме које су писане у прошлости (данас се више не пишу) о Мајаковском и о Лорки, који су можда, заједно с Кавафијем, „најопеванији" песници, јесу песме писане поводом или на тему њихове смрти (самоубиство првог и егзекуција другог). Кавафи надахњује песнике не због неког шокантног догађаја из његовог живота, него углавном због његове поезије.

Какво год да је песничко портретисање Кавафија од његових колега уметника, од његове поезије оно креће и њој се враћа.

Кавафи је, заједно с Аргентинцем Борхесом и Португалцем Песоа, један од тројице песника са књижевне периферије, који, иако више нису у животу, имају данас светски одјек и рецепцију и њихова референца потиче од њихове уметничке специфичности. Слава Борхесова заправо потиче мање од његових песама а више од његове прозе, међутим, она је проза поетске природе, поетска проза нарочите врсте; и Борхес, попут Кавафија, гради поезију средствима прозе – прозе, која уз то носи маску, маску говора с изгледом есеја.[2]

Још једно поређење, овога пута с песником из књижевног центра, не изгледа ми неприлично: можемо да упоредимо међународни одјек Кавафијеве поезије, од 1960. године до данас, с одјеком песничког дела Елиотовог на његовом врхунцу (од средине двадесетих година до његове смрти 1965. године). Не желим свакако да кажем да је Кавафијева рецепција у наше доба иста с Елиотовом у његово доба (не треба да се заборави на ком је језику писао Елиот, значај његовог дела за образовање поетског модернизма и значај поетског модернизма за историју поезије новијег доба). Али, сматрам да можемо рећи да, док је Елиот главни представник модерне поезије, Кавафи је – верујем да садржај ове књиге кавафогених песама у свету то показује, а и поткрепљује – најрепрезентативнији песник нашег доба, које се назива постмодерно доба. Не тврдим да је он најрепрезентованији песник постмодерне поезије, јер постмодерна поезија, у смислу којим би се суштински разликовала од модерне поезије, не верујем да постоји – не верујем да ће моћи да постоји: поезија је упра-

---

[2] Треба узети у обзир и разлику у распрострањености језика, грчког, шпанског и португалског.

во супротна појму постмодернизма. Поезија нашег доба је још увек модерна поезија – уколико је не назовемо постмодерном да бисмо је разликовали од поезије из прве епохе модернизма.

Кавафи је, ако не најпознатији, онда песник који највише фасцинира у наше доба; а истовремено је оно што Англосаксонци зову the poets' poet, дакле песник коме се диве претежно песници – важна околност кад помислимо како су песници песникâ обично „тешки" песници, којима се не одушевљава широка публика. Значај његове рецепције у поређењу с Елиотовом постаје још већи ако узмемо у обзир још два елемента која Кавафијевој поезији дају карактер феномена, јединственог колико је то мени познато: прво што, ван граница енглеског говорног подручја, фасцинација Елиотовом поезијом потиче углавном од оригинала, а фасцинација Кавафијем ван Грчке произлази искључиво преко превода, често чак и двоструким посредништвом, јер многи преводи настају с неког другог превода (обично енглеског); друго што – како је већ речено – ова фасцинација потиче од поезије која је хронолошки стара. Елиотова поезија је донела нешто ново својој епоси. Кавафијева поезија доноси нешто ново и постмодерној епоси.

Како се све то догађа? Како Кавафију успева да сачува своју поезију скоро неокрњену код превођења, тако да неко читајући преводе његових песама осећа много мање да су преводи него када чита преводе песама других песника, или да уопште не доживљава да је то што чита превод? Како хронолошки стара Кавафијева поезија постиже да пружа осећај да то није стара поезија, осећај који даје поезија која се пише данас?

Покушај да одговоримо на ова питања нужно нас доводи до сржи проблема кавафијевског поетског израза. Једна Сеферијева примедба која се односи на тај проблем могла би да нам помогне да разумемо зашто Кавафи губи мање у преводу од било ког другог песника. Сефери пише: „Чулност – осећај додира Кавафијев, не може да се оваплоти у његовом стиху; у само његово доба – а чудно је да то неко примети – то постоји иза језичког израза". Сефери овде указује на парадокс Кавафијеве поезије, која успева да узбуди поетски, да пренесе читаоцу један поетски осећај, језиком не поетичним (не чулним, сувим, прозаичним). Сефери тај парадокс објашњава као резултат драматичне природе Кавафијеве поезије: присуства у његовој поезији мноштва ликова и људских ситуација, чије међусобне везе – већином конфликтне – изазивају код читаоца узбуђење аналогно оном које изазива песнички језик, који је чулни језик".
„Код Кавафија је врло често, пише он, док је језички утисак неутралан и без емоција, кретање ликова и догађаја тако густо, тако херметично, рекао бих, да помислиш да његове песме вуку емоцију кроз вакуум. Тај вакуум, створен Кавафијевим изразом, управо је елемент разлике између његовог израза и текуће прозе".

Овакав вакуум, међутим, не постоји у песничком говору других песника (Хомера, Дантеа и Елиота), а Сефери га дефинише као говор драмске природе сличне природи Кавафијевог песничког говора; и то стога што језик ових песника није непомични језик, него језик чулни, лирски". Мора бити, дакле, да између Кавафијевог драмског елемента и сличног елемента код других песника, постоји нека разлика, која повлачи онда разлику у његовом песничком језику. Верујем да је ова разлика у коришћењу драмског и трагичког елемента код Кавафија, много гушћем него што је случај код других песника, у коришћењу толико густом да би се могло назвати ироничним. Кавафи је једини песник који користи иронију као главни механизам стварања поетичности (једини који је користи на начин аналоган Кавафијевом, са резултатом језика аналогно равнодушним, јесте „прозаиста" Борхес). Специјална драмска и трагичка иронија Кавафијева (систематска и мајсторска дескрипција супротности између феномена и реалности), која образује и његову подједнако густу лексичку иронију, чини његов језик способним да изазове песничку емоцију, чинећи сувишном језичку чулност.

Као и на терену поезије несензуалне и без језичке драматике, иронија функционише – као што то показује Кавафијева поезија – интерно, зато што је то емоција згуснута у утисак „интелектуалног облика, прикривена иза површине речи („иза језичког изражаја – емоција која се ипак у контакту са читаоцем тренутно декондензује"); као што се, дакле, емоција у Кавафијевој поезији не изражава сочним језиком, личним, који се тешко преводи, већ „интелектуалним" језиком („неутралним и равнодушним"), оним који може да пренесе његову емотивну кондензованост у неки страни језик уз најмање губитке. Кавафијево дело садржи јединствену посебност: допушта да се његов песнички квалитет и његова поетска стигма пренесу у неки страни језик лакше и с већом тачношћу него што то допушта дело других песника (његови губици при превођењу догађају се углавном на плану лексичке ироније, тачније у оном њену делу који потиче од тога што се у истом стиху заједно налазе неусагласиви облици катаревусе и димотике. Верујем да је то разлог што Кавафи губи у преводу мање од било ког другог песника; верујем и да је то разлог што се Кавафијева поезија сместа препознаје као Кавафијева поезија и сред шароликих њених превода.

Ова посебност кавафијевске поезије не умањује значај њеног одјека. Напротив, рекао бих да га то још више објашњава, зато што показује и ван граница грчког језика посебност Кавафијевог песничког израза; посебност која нам дозвољава да кажемо да би се Кавафи могао сматрати творцем једне нове песничке врсте: својеврсне драмске поезије која би, будући да јој је главни елемент иронија, могла – да би се разликовала од „лирског" облика драмске поезије – да се назове ироничком поезијом.

Говорим наравно о новој врсти с претеривањем, да бих подвукао ново у Кавафијевом изразу, који ствара осећај да је његова поезија састављена неким новим стилом и маниром. И то нас доводи до карактеристике, на коју смо већ указали, одсуства старине из Кавафијеве поезије. Будући да је сваки стил производ једне епохе, уметничка дела из прошлости, независно од њихове виталности, или пре, њој упркос, носе на себи неизбежне знаке свога времена, а то су знаци старине. Кавафијева поезија ствара осећај да је поезија неког новог стила, јер је написана једним непрепознатљивим стилом. И то стога што су елементи које је апсорбовао својом лектиром различитих стилова своје епохе (романтизма, парнасизма, симболизма, естетизма), Кавафи постигао у песмама које су најкарактеристичније за његову уметност, да их акумулира у сопствену мешавину, која га удаљава или одваја од њих; мешавина коју не образују ни одређени песнички захтеви долазећег, почетком нашег века, модернизма – која, ипак, будући да није без везе са духом те епохе, отвара пут једног специфичног, једног личног песничког модернизма. Специфичност овом модернизму даје кавафијевска употреба ироније. И углавном је специфична употреба ироничког елемента који је као базични елемент људске ситуације дијахрони елемент – оно што неутралише знаке стила од стилске мешавине кавафијевске поезије и руши сваку њену тенденцију ка застаревању.

Верујем да је иронија и рећи да Кавафијева поезија данас изгледа животнија него раније. Како је наша епоха специфично ироничка, јер је њена чиста релативност учинила тешким разликовање између феноменалне и стварне реалности, Кавафијева поезија са својим ироничним укусом, са својом апокалиптичком посебношћу људског самозаваравања, постала је доминантнија него икад. Јер јој се пружила прилика да покаже до крајњих граница снагу свога реализма.

1999.

II

ПОЕЗИЈА И ИСКУСТВО

ПОЕЗИЈА И ОРИГИНАЛНОСТ

Оригиналност није исто што и аутентичност. Аутентичност значи да будеш веран самом себи, и неко може да буде веран самом себи а да не буде оригиналан. Међутим, нико не може да буде оригиналан а да не буде аутентичан.

У уметности се ништа ново не оплођује семеном једног јединог човека. Оригиналност неког песника налази се у његовој способности не да изнађе нешто ново, него да дефинише и да дâ облик нечему за шта постоји потреба да постане видљиво, нешто што је већ на путу да се роди.

ПОЕЗИЈА И СВЕСТ О САМОМ СЕБИ

Постоји удаљена област у људској души, коју човек, свесно или несвесно, жуди да освоји, простор изгубљене хармоније, која представља сталан предмет наше носталгије. Вредност једне песме мери се степеном на коме она може да нас отргне од онога што верујемо да јесмо и да нас одведе у ону област. Као и религиозно искуство, песничко искуство је одвајање од нас самих које нам дозвољава да се дубље ујединимо са самим собом.

ПОЕЗИЈА И АПСТРАКЦИЈА

Чињеница да је поезија језик о конкретном, не значи да нужно треба да се пише конкретним речима. Зато што конкретне речи не уклањају из песничког језика апстракцију по сваку цену. Некад је чак и штите. У поезији једна реч је конкретна или апстрактна не сама по себи већ једино у вези са контекстом. Језик поезије не тражи конкретне речи, он речи чини конкретним.

ПОЕЗИЈА И ЈЕЗИК

Ко је већи језички творац, Кавафи или Палама? Они који верују да је овај други, ограничавају смисао стваралаштва у језику једино на произвођење сложеница или нових речи. То, међутим, представља само део језичког стваралаштва (део који се на крају вреднује по степену на ком су се нове речи инкорпорирале у општу употребу), и не нужно онај најзначајнији. Зато што стваралаштво у језику функционише на једном другом нивоу, који је мање видљив: на оном где се поново уводе у општу употребу заборављене речи, или се изнађе или ископа из неке опште речи смисао који је скривен или потиснут или у сенци.

ПОЕЗИЈА И ЕПОХА

Поезија једне епохе није само поезија која се пише у тој епоси, него и поезија која се чита као поезија. Тачности ради: поезија једне епохе је само оно што се чита као поезија, зато што много од онога што се пише не опажа се као песничка дела. Калво је више песник наше епохе него песник епохе око 1850. године, док за аутора X, који је објавио своју нову збирку колико прошле недеље, не мора да се искључи да је песник, ипак, ако јесте, није нужно песник наше епохе. На то мисли Борхес када пише: „Кад бих могао да прочитам једну данашњу страницу као што ће бити читана 2000. године, познавао бих књижевност 2000. године".

ПОЕЗИЈА И ПРОТИВРЕЧНОСТ

Песник не избегава противречности, зато што се поезија храни противречностима.

Песник доживљава своје противречности без гриже савести, али и без задовољства.

Песник је умерен философ. Умерен у смислу да његова философија – његов став према животу – садржи толике противречности као и његов живот. Песник изражава реалност, не своју идеју о реалности.

ПОЕЗИЈА И ИСКУСТВО

За Де Сосира је мисао, сама по себи, нешто нејасно, у њој ништа није одређено, нека небулоза која се прочишћава док се каналише језиком. За Крочеа, неки појам који још није формулисан речима, макар интерним, представља нешто непостојеће. А обојица говоре о језику уопште, иако ће бити да имају на уму углавном искуство песничког језика. Јер, ако оно што кажу, може да се догоди до неког степена у општем језику, догађа се апсолутно у језику поезије.

Тачности ради: песничко искуство песника јесте језичко искуство: ствара се тачно и једино у тренутку додира доживљајне грађе са језиком. Тај додир је специјалан додир, јер је његов квалитет диктиран специјалним – иако не одређеним – саставним елементима искуства који ће се претворити у песничко. Садржај овог искуства, које почиње у најдубљим и најмање истраженим слојевима душе, толико је оптерећен (толико сложено и садржајно) да, у покушају да стекне облик, формира језик сагласно са својим унутрашњим жељама, прелази баријере језика и мења га у свој интегрални део: апсорбује га и, истовремено, апсорбован је у језику. Тачно је то, да је узајамно апсорбовање, које се завршава поистовећењем, оно што прочишћава искуство преобраћајући га у песничко искуство. Овде се ради не о стапању искуства са језиком, што представља ново искуство; не о преношењу неког појма, него о стварању једног појма.

ПОЕЗИЈА И РЕАЛНОСТ

За Нору Анагностаки[1]

---
[1] Истакнути грчки критичар, иначе супруга грчког песника Манолија Анагностакија (прим. прев.).

ПОЕЗИЈА И ОБИЧАН ЧОВЕК

Општеважеће мишљење да је песник човек с већим санзибилитетом у поређењу с обичним човеком, и да је песничка способност резултат тог већег сензибилитета, не може да се докаже. Зато што не познајемо други елемент тог поређења, дело сензибилитета обичног човека. Само то дело – како доживљава обичан човек – није видљиво, јер се користи у тренутку кад се ствара, не остављајући трага. Или, ако га остави, тај траг није уметнички и не може да послужи као елемент за поређење.

Изгледа да песничку способност дугују углавном већем сензибилитету одређени људи, не толико за доживљавање искуства, колико за грађу којом то доживљавање може да постане уметност.

Сликар има посебну везу са бојама, музичар са звуцима, вајар с пластичним облицима, песник са језиком. Човек без таквог посебног сензибилитета не може да постане уметник, иако то не значи да не може да осећа песнички. Не само што може, него је свака његова делатност усмерена управо на то. Као онај Молијеров јунак, сваки човек ствара (или настоји да ствара) поезију и не знајући то, без обзира да ли је у позицији да уметнички пренесе своје искуство. Сви стреме ка идеалној психолошкој ситуацији, ка унутрашњој хармонији сличној осећањима из детињства која неко има о свету тада, ка апсолутној слободи где осећај времена изгледа да ишчезава, каква слобода представља и циљ уметности. Разлика је у томе што обичан човек покушава да стигне до те ситуације различитим начинима, посредством разних искустава – религиозних, еротских, халуциногених због наркотика, посредством и самог уметничког искуства, које је највише – најсуптилније и најсвеобухватније – али и најбезначајнијим својим поступцима, који се сви несвесно усмеравају према њој, док је песник стиче искуством свога покушаја да то што осећа изрази језиком.

ПОЕЗИЈА И ЈЕЗИК

Језик поезије је језик у његовом највишем стању, у његовој апсолутној функцији. Једини језик који није конвенционалан. Зато што означитељ и означено не могу да се схвате одвојено као код обичног језика.

То је разлог што је поезија непреводива. При превођењу једне песничке фразе из једног језика у други не мења се само облик ре̏чи, мења се и садржај ре̏чи (отуд су облик и садржај песничких речи идентични – садржај је и облик, и обрнуто). Јединство постојања речи разбија се, облик се отуђује од садржаја, језик постаје конвенционалан.

Језик поезије је најприроднији језик, јер не трпи ни од каквог расцепа између свога тела и своје душе. То је језик у његовом најсрећнијем тренутку. Идеалан језик.

ПОЕЗИЈА И ВРЕМЕ

Поезија је време безвремене садашњости. Зато што огољава прошлост и садашњост од њихове времености: обезвремењује слике из прошлости одвајајући их из сећања; брише из садашњости њене актуалне елементе потапајући је у девичански заборав. Прошлост и садашњост се у поезији срећу у једној безвременој тачки, у дубокој, неразрушивој, вечитој садашњости.

ПОЕЗИЈА И ЧИТАЊЕ

Доживљај једне песме не завршава се кад се она прочита. То је први додир, акт нашег упознавања с њом. Доживљај једне песме је и доживљај сећања на њу, а то није исто с доживљајем њеног читања. Јер наша нова искуства интерполирана у међувремену, мењају и наш одговор на њу. Доживљај сећања на једну песму је оно што бисмо могли назвати тајним читањем, јер сваки пут кад се сећамо неке песме, неприметно је читамо још једном. Читање једне песме никад се не завршава. Наставља се сваки пут када с њом дођемо у тајни додир, и још више. Наставља се и кад песма спава у нама, као непрекидна бременитост, која се прекида у тренутку доношења плода, у тренутку тајног додира.

ПОЕЗИЈА И РИТАМ

Песма је ритам утелотворен у речи који је састављен од стихова. Стих може да буде и у прози. Другим речима, стих није тачно одређен облик. Може да буде метрички стих, слободни стих или у прозном облику у зависности од распореда или потреба ритма (у последњем случају дужина му је једнака с оним што осећамо као најмању ритмичку јединицу).

Једна песма почиње од осећаја ритма, који извлачи на површину неке речи. Или почиње од осећаја неких речи, који извлачи на површину неки ритам. Затим ово двоје настављају интегрисани.

ПОЕЗИЈА И УСАМЉЕНОСТ

Оно што се прича о усамљености песника је мит. Поезија је супротна усамљености (човек који пише или човек који се осећа поетично) стрепи од усамљености мање него било ко други, зато што има поезију.

Усамљеност настаје углавном онда када се човек налази у расколу са самим собом, и онда када не може да комуницира са другима – могућност комуникације с другима је резултат, не узрок усамљености.

Ако је поезија понирање песника у најдубље слојеве своје душе, онда је она и пут за самоупознавање – делотворан начин да неко комуницира са самим собом. Песник је најуравнотеженији човек, поред свих прокламација и бајки о супротном, уравнотежен у суштинском смислу речи, не под фирмом површинске равнотеже. И управо стога што човеку помаже да боље схвати самог себе, поезија олакшава његову комуникацију са другима.

ПОЕЗИЈА И ЈЕЗИК (2)

Велики део шарма песничког језика потиче од његове противречности. Зато што је језик поезије, који је најдрскији језик, истовремено и најконзервативнији језик. Дрзак је, јер се песник изражава начинима који дотле нису коришћени, руши конвенционалност устаљене изражајности, саставља нове спојеве речи и фраза (звукове и значења). А и конзервативан је, зато што песник, знајући да је од свих уметничких средстава језик најмање трајан у времену – јер речи застаревају брже од сваке друге уметничке грађе – он бира своје речи међу онима које су највише установљене и најобичније, међу онима које су најмање актуалне и новаторске.

Језик поезије је реакционаран језик у односу на своју грађу и револуционаран у односу на употребу те грађе.

ПОЕЗИЈА И ПРОГРЕС

Поезија не напредује. Једноставно мења лик. Или, ако напредује, ми нисмо у стању да то препознамо. Зато што поезија није једно песничко штиво, него оно што осећамо када читамо један песнички текст. Не можемо да поредимо поезију свога доба са поезијом неког другог времена, зато што не знамо како су доживљавали ту поезију свог времена људи тога времена. Оно што зовемо поезијом неке друге епохе јесу песме те друге епохе како их ми доживљавамо у наше доба. Другим речима, то је поезија нашег доба.

ПОЕЗИЈА И РИТАМ (2)

Песнички доживљај није ништа друго него срећни резултат судара два ритма: ритма свакодневице, који је осећај живљења у текућем времену, и ритма жеље да се превазиђе тај осећај, који је живљење трагања за песничким временом. Свако песничко искуство је отклон од сувог асфалта свакодневице, наше савршено кретање ка идеалном ритму.

ПОЕЗИЈА И ЈЕЗИК (3)

Китсова реченица да је песник човек најмање поетичан, хоће, чини ми се, да каже ово: да песник не полази од поезије, него стиже до ње; не тражи речи које су песничке, него тражи да речи учини песничким. Зато што пре поезије не постоји песнички језик из кога неко може да црпи. Свака реч у поезији почиње од почетка, гради ни из чега своју песничку природу. Њена поетичност није преносива у другу песму, зато што своје постојање добија од одређених речи које је окружују. Зато је она једноставна и непоновљива. Ствара се са песмом у коју улази и постоји само за песму која је садржи.

ПОЕЗИЈА И ЧИТАЊЕ (2)

Од два начина читања једне песме, мнемотехнички је обавезно мање значајан. Присећање на једну песму нас доводи у дубоки додир са том песмом, која је сваки пут оно што од ње нисмо заборавили. Другим речима, мнемотехничко читање функционише углавном преко заборава. Оно што заборављамо код једне песме је пре свега оно што мења осећај који нам остаје од песме, њен укус, који је увек нов, зато што се незасите жеље сећања обнављају стално.

ПОЕЗИЈА И МОРАЛ

У последњој анализи морала једног песника је питање језичког понашања. Неетичност његове поезије није аналогна са срамним стварима које може да каже, него са његовом немоћи да се прочисти од прародитељског греха језика: од распада речи на означено и означитеља. Песнички језик је језик својеврсне побожности: жеље човека да се узвиси до раја изражавања. Његова етика зависи од страсти с којом поново стиче изгубљено јединство знака.

ПОЕЗИЈА И ПРОГРЕС (2)

Поезија не напредује, зато што је то област идеалног, простор где појам најбољег престаје да постоји. Свако ново песничко дело не протерује употребу претходног, као што је случај с научним производима, једноставно га мења: нас наводи да га доживљавамо друкчије. Ипак, поезија нам пружа илузију да напредује, јер њена грађа никад није једно исто. Свака песничка промена открива у области језика нове слојеве, који су, из техничких разлога, остали неискоришћени раније.

ПОЕЗИЈА И ЧИТАЊЕ (3)

Поезија је оно што остаје после једне делотворне личне интервенције којом отпада од једне песме оно што осећамо да није поезија. До интервенције долази сваки пут кад неко чита песму. Оно што отпада није увек исто. Оно што остаје, увек је исто.

ПОЕЗИЈА И ДРЖАВА

Одлука неких философа да истерају поезију из своје идеалне државе свакако показује непознавање смисла поезије, али је пре свега непознавање смисла државе. Зато што је поезија идеално стање, идеална држава није ништа друго него песничка држава.

Како је идеални човек песнички човек, идеална држава је колективно живљење психолошког стања човека које се постиже у песничком искуству. Другим речима, то је држава која се налази у песничком стању.

Док би свака држава могла да постане идеална, идеална држава како су је замишљали антипоетички философи не може да постоји. Зато што је хармонија која представља отелотворење њеног идеалног стања, хармонија лажна, спољашња. Стварно идеално, једино идеално стање које може да постоји је унутрашње стање, психолошко по својој природи.

ПОЕЗИЈА И ВРЕМЕ (2)

Будући да је психолошко стање, песничко стање није нешто што може да траје. Јер трајање значи сукцесивност, а сукцесивност значи настављање, понављање, једнообразност, статичност; дакле, управо све оно што песничко стање хоће да одбаци. Осећај унутрашње хармоније је осећај динамичан, не статичан. Ипак је то парадоксалан осећај, јер је његова динамика једна спонтана динамика, или, боље, динамичка статичност. Тај осећај је динамичан зато што, када успе, чини се да време престаје да се доживљава као настављање, пресеца укус сукцесивности, монотоности, његове „статичности". Али, истовремено, овај рецепт води до друге „статичности" (тренутне статичности), која је динамичка управо стога што је тренутна, стога што није наследна, „временски" монотона.

ПОЕЗИЈА И СВАКОДНЕВИЦА

Осећање и уверење које песник изражава у једној песми, не поистовећује се са његовим осећањима и уверењима из свакодневног живота. Зато што је поезија говор згуснут и егзалтиран, и то што се налази у песми јесте дубље супстанције од онога што се налази ван песме. То је друга страна узрока што песничко стање не може да траје. Песничка суштина једног човека је он сам у свом највишем облику, а тежину овог облика не може неко да издржи дуго. Поезија, која је најхуманије стање, истовремено је и најнехуманије. Набој песничког доживљаја је толики, да би његово продужавање било кадро да смрви онога ко га проживљава. Немогуће је да неко непрекидно живи песнички.

Свакодневица је неопходна да неко ужива у поезији, исто онолико колико је поезија неопходна да неко може да поднесе свакодневни живот.

ПОЕЗИЈА И ИСТОРИЈА

Схватање да се Историја пробија напред кроз људске противречности, да је њена покретачка снага класна борба, тачно је, али покрива само видљиву страну ове теме. Дубље питање је зашто се класе боре између себе. На дну тога питања одговор пулсира блажено, сјајно, непомућено: Поезија је покретачка снага Историје. Све радње историје диктира жеља људи да доживе идеално стање. Марксистички сан о бескласном друштву, који је визија срећне друштвене атараксије, визија једне динамичне статичности, тај сан је само метафора за визију песничког стања на колективном нивоу. С том разликом што та визија функционише као она у платоновској држави, у оквиру временског настављања (које је акумулација противречности): то је визија „темпорална", стога се не може реализовати. Ипак се марксистичка визија налази ближе песничкој реалности од платоновске, зато што је бескласна визија. Њена хармонија потиче од отклањања људских противречности, која је, као и хармонија поезије, резултат њиховог стапања, а не неког њиховог компромиса, како се догађа у платоновској визији.

ПОЕЗИЈА И РЕАЛНОСТ

Поезија изражава реалност. Ипак, шта је реалност? Свакако није свакодневна реалност, коју поезија никад не изражава, једноставно је користи да је превазиђе. Свакодневна реалност је ломљива грађа, и поезија само од ње не може да сачини песму. Поезија изражава ону реалну реалност која је невидљива, скоро разливена и пулсирајућа у свакодневној реалности; она изражава дубљу реалност, која је стална, жељена, вечита жеља човека да превазиђе своје свакодневно стање, да доживи идеалну реалност.

Реална реалност је неуништива жеља човека за поезијом.

III

О РОЛАНУ БАРТУ

Читајући *Roland Barthes par Roland Barthes*: задовољство и незадовољство неким текстовима Ролана Барта.

Задовољство, зато што је доста од онога што он пише продорно, круцијално и оригинално. Незадовољство, зато што, на начин на који пише, настоји да преобрати у оригинале и оно најбаналније. То је писање које често не уверава да оно што се каже не би могло да се каже на начин мање демонстративан; да постоји нека органска потреба која намеће такав начин изражавања. Слабо место код Барта је страх од баналности. Страх вероватно диктиран мешавином несигурности и нарцисизма (или је можда нарцисизам производ несигурности?). Али је немогуће да човек стално говори нешто ново, зато што је нових ствари мало. Отуд потиче самодовољност и привидна озбиљност у неретким тренуцима код Барта, карактеристике његовог стила које остављају утисак човека који позира фотографу.

Очигледно је да Барт покушава у неким својим делима да изрази апстрактно на песнички начин. Главни узрок што неко има тешкоћа да проникне у смисао многих његових одломака јесте злоупотреба метафора с апстрактним речима. Али да би дејство метафоре донело резултат, мора садржати минималан степен материјалне слике. Бартове метафоре често не располажу тим степеном, или, када располажу, једна се наставља на другу толиком брзином да око тешко може да их апсорбује. Аура једне препокрива ауру следеће и затамњује је.

Очигледно је да Барт често покушава да изрази поезију апстрактног, песнички израз интелекта, који треба да води до резултата аналогних онима које даје уметничко изражавање; и то настојећи да свој есејистички језик покрене емоционалним, играјућим начином песничког језика. Али једини начин да интелектуални језик може да породи поезију јесте његово иронично функционисање. Не бекство од прозних видова интелекта, него њихова злоупотреба: патосом испуњено култивисање антипоетичности до степена вртоглавице – комплексно и израђено активирање интелекта, аналогно с оним у Борхесовим текстовима. Бартов језик не функционише иронично, иако настоји да убеди у његову ироничну природу.

До извесног степена Бартова оригиналност се крије у његовој демостративности да те наведе да поверујеш да се он не бави оним што је познато или разумљиво само по себи.

ИДЕНТИТЕТ И ПЕСНИЧКИ ГОВОР

> *... the very obvious truth that the deepest quality of a work of art will be the quality of the mind of the producer...*
> Henry James

Можда је међу идејама које су се неговале у области књижевних студија последњих деценија двадесетог века најпарадоксалнија идеја о смрти писца. У складу с том идејом, која је постала амблем постмодернистичких теорија књижевности, прави писац једног књижевног дела није човек који пише то дело, већ само то писање – тачније, Језик: ова огромна трансцендентална сила, која је створила свет, која *јесте* свет, и изван које не постоји ништа. Човек који пише једно књижевно дело – тврди ова теорија – само је просто посредовање које извршава жељу Језика да отелотвори у опипљив, дакле писани, облик свој трансцендентални, божански дух (једноставније речено: оно које изражава жељу Језика да прави књижевност). И управо стога што је тај дух метафизички, човек који писањем извршава књижевну жељу Језика губи свој глас, свој лик, свој идентитет. Он се трансформише у неутралну „руку одсечену од било којег гласа, ношену чистим гестом регистровања (а не изражавања)", руку која „одређује поље без порекла", поље које „нема другог порекла осим самог језика".

Ту руку Језик узима из мноштва људи који њим говоре и пишу као језик. Узима насумично, не бира је. По томе се разликује од старије трансценденталне силе, која је била Бог, коју је он детронизовао. Веза Језика с извршиоцем његове књижевне жеље, са писаром (како сад треба да се назива писац), није иста као што је некада била веза између Бога и његовог изабраника (Мојсија, на пример), кога је Бог изабрао зато што је видео да располаже неким посебним особинама, које га чине способним да пренесе божју вољу људима. А ово зато што се, различито од Бога, Језик не интересује за људе, које једноставно користи да би самом себи потврдио своју трансценденталност.

Подједнако парадоксално с овом теоријом изгледа начин њеног формулисања и значајан степен њеног прихватања, нарочито када помислимо да је стил њених заступника све друго осим безличан – хоћу да кажем да је то посебно изражајан стил (ако не и нарцисистички) – и да се људима који су убеђени да је писац умро диве као великим писцима они које су уверили у смрт писца.

Да ли је заиста књижевно писање област апсолутне власти тиранске и неконтролисане моћи, област у којој се брише сваки траг индивидуалног идентитета писца, сваки покушај изражавања? Или, можда, у тој области постоји уствари слаба тачка којом писац успева да рукује и да је употреби за своје експресивне циљеве? На то питање биће потребно да одговоре експерти – тачности ради, данас сами књижевни посленици. Верујем да, ако упитамо песнике који имају сазнања о књижевном феномену интимније од онога које имају многи данашњи теоретичари књижевности, и према томе реалније, одговорили би нам да се не дешава оно прво. Рекли би нам да је теорија о „смрти писца" толико бесмислена, да би само јако софистицирани људи могли да је формулишу и да би само јако бескорисни могли да је прихвате. Зато што се она ослања на идеју о реалности језика коју оповргава реалност људске комуникације. Оспоравање могућности присуства личности песника у књижевном писању, презирање онога што заговорници ове теорије називају „метафизиком постојања", представља у стварности метафизику одсуства; тачности ради, то је чисти идеализам, будући да, различито од предмета свога презира, ова теорија оспорава или занемарује сваки емпиријски елемент. Можемо да кажемо да теорија о „смрти Писца" и њој блиска теорија о деконструкцији значења уносе у област језика један парадокс аналоган са Зеноновим парадоксом. Као што Зенонов парадокс, с теоријском аргументацијом која оспорава стварност, пориче могућност кретања, тако и ове теорије, преко софизма (о сталном „одлагању" смисла) који, (различито од онога са Зеноновим силогизмом) претпостављају дословно, оспоравају могућност човеку да формулише нешто с претензијом на аутентичност. Колико год да и језик има сопствену вољу, колико год да је велики онај део његовог језика који песник не може да контролише, део његовог језика који песник може да контролише јесте онај који моделира и део језика ван контроле у песничком говору. Део свог језика који песник може да контролише је онај који је одређен карактеристикама његовог усменог говора. Ниједна песма не може заиста да буде песма ако не садржи карактеристике усменог говора песника, које се образују из најдубље унутрашњости песника и које граде поетски глас његовог текста. То су карактеристике који песму чине песмом. Зато што оне чине терен уписивања елемената језика од којих је састављен. Ако је књижевно писање „деструкција сваког гласа, сваког идентитета", како нам кажу заступници теорије о „смрти Писца", ти гласови и идентитети не припадају песницима који пишу песму него интертекстуалним елементима уписаним у терен који смо описали. У стварности, не ради се о деструкцији него о трансформисању гласа и идентитета елемената уписаних у песнички дискурс; о метаболизму који истовремено моделира и глас текста у песнички глас, у језички облик који даје дубљу слику сензибилитета човека који то пише. Песнички текст допушта човеку да утисне и да сачува, боље и верније од нечега датог на било који други начин, свој прави идентитет.

Песнички текст је лични говор и, истовремено, безлични говор (не ипак у смислу трансценденталног безличног, у оном смислу о коме говоре поменуте теорије). То је лични говор, зато што не може да се начини ако не искористи као квасац за стварање свога гласа карактер усменог говора песника. И безлични је говор зато што се карактеристике усменог говора песника не виде. То је скривено, у једну руку, будући да песнички говор диктира гласу песника трансценденталност аутобиографије и њено проширење суштинским елементима гласа људске заједнице (у овоме се састоји њена дубља хуманост; а у другу руку, зато што је карактер усменог говора песниковог употребљен да трансформише у песнички текст (и даље уз аналогију са пекарем) тесто песниковог језика, који је језик заједнице. Овај карактер ипак постоји помешан у гласу песничког текста, гласу који је он створио из усменог говора. Постоји као глас песника као личности, као присуство, дах, који стално уклања писану страну песничког текста. Говор песничког текста јесте усмени говор. То је живи говор, који користи облик писаног да би одржао своје присуство.

Пракса овог утискивања присуства, као пракса рађања песника, ствара претпоставку за постојање читаоца. „Смрт Писца" не изискује рађање читаоца, као што тврде они који хоће да нас убеде да је Писац мртав, већ, напротив, прелазак читаоца из постојања у непостојање. Стога, шта је друго песничко искуство читаоца него трансцендирање граница првог лица сингулара: искуство проширења, које не може да потекне од додира с неком безличном силом, каква је Језик постмодерниста, већ само разговором с говором неке друге – проширене – личности, онако како је она утиснута у песнички текст.

Трансформација заједничког језичког „теста" у песнички говор помоћу „квасца" песниковог личног усменог идиома не постиже се „чистим гестом уписивања" него снажним импулсом ка експресији. И управо тај импулс ка експресији тера квасац да обухвати нешто више од језичких елемената. Стога овај импулс, који се садржи у квасцу, јесте жеља песника да изрази оно што осећа о свету. Ако постоји нешто изван текста, то је та жеља човека да проговори о свету, жеља која не потиче од језика, него која производи језик, и која у поезији води оном облику – вишем облику – који се назива изражавање. Достизање тог вишег облика је оно што песника чини ствараоцем.

Жао ми је што сам присиљен да употребим речи које су изван теоријске моде – за које се претпоставља да су искључиво романтичарске – речи као изражавање и стварање. То чиним у покушају да опишем песнички феномен с већом тачношћу него што га описују теорије каква је и ова о „смрти Песника". Песник је нешто више од лика који не постоји. Он је стваралац, зато што то што он ствара није претходно постојало. Стога пре песме не постоји песнички говор, из кога неко може да црпи. Свака реч у песми почиње од почетка, гради своју песничку природу ни из чега. Њена поетичност не може да се премести у другу песму, зато што своје постојање добија од конкретних речи у контексту у ком се нађе. Она се ствара са песмом у којој се садржи и постоји једино за песму која је садржи.

Наравно да реч стваралац узимам с малим почетним словом, макар да користим, ради веће јасноће, библијске слике. Користим их с намером да метафоричност буде успешнија, зато што је песнички језик врста религијског језика који изражава потребу човека да се очисти од прародитељског греха језика: од расцепа речи на signifiant и signifié. Песнички језик је виши облик покушаја човека да се уздигне у рај експресије. Његов успех зависи од степена и озбиљности с којима поново стиче изгубљено јединство језика.

ОПОРАВАК ХУМАНИЗМА

Последњих година све показује да се постструктуралистичка мисао, која се састоји од радикалнијих тенденција које су дошле после структуралистичке теорије (деконструкција, француски постструктурализам, амерички неопрагматизам, одређени неомарксистички и феминистички трендови) и која се више осећала у области књижевних студија, налази на свом крају. Смањење броја постструктуралистичких књига (погледати спискове нових издања у часописима); часописи посвећени теорији после структурализма, који су више извештаји;[1] критичке књиге критичара који су се први јавили у развијању (Цветан Тодоров, Умберто Еко) или у ширењу (Robert Scholes) књижевне теорије после структурализма; изјаве славних постструктуралиста[2] јасно показују да се круг постструктуралистичке књижевне теорије затвара.

Очигледно је да се крећемо ка новом раздобљу књижевних студија, које би се могло назвати пост-постструктурализам, кад понављање првог елемента речи назив не би учинили незграпним. Ипак га привремено користим из два разлога: прво, зато што показује неслагање с уверењем (тач-

---

[1] В. нпр. и свеску *Times Literary Supplement* од 14. 7. 1994.
[2] На пример, Жак Дерида, *Το Βήμα* 12. 3. 1995; Тери Иглтон, *Times Literay Supplement*, о.с.

није псеудоосећајем) Жака Дериде да примедбе што се стављају у наше време нису прекорачење постструктурализма, него су „знаци васпостављања старога стања", и друго, зато што је постструктурализам толико утицао на одређене наше идеје о књижевности да је, чак и кад би то неко пожелео, повратак у прошлост немогућ. Данас, дакле, можемо да се окренемо ка евалуацији најснажнијих теоријских ферментација међу онима после структурализма и да формулишемо одређене мисли о усмерењу у коме изгледа да се креће истраживање књижевности.

Постструктуралистичке књижевне теорије карактеришем као врење, јер упркос чињеници што су оне помогле да видимо јасније одређене ствари (језик као формирајући фактор реалности, себичне употребе хуманизма, важност улоге читаоца), дају осећај неког претходног стадијума, колико год да изгледају да су узнапредовале у нечем: ниједна од њих није постигла да артикулише целовит говор о књижевности. И то стога што је сваком њиховом конструктивном предлогу следило удаљавање или прекид с другим исто толико, или некад више, живим елементима књижевног искуства. Главни допринос ових теорија налази се у чињеници да су потпомогле књижевним студијама да изађу из релативне теоријске наивности претходних периода (карактеришем је као релативну, јер та наивност није била толика, колико тврде постструктуралисти), допуштајући да боље схватимо везе између књижевности и ширег језичког терена и везе ширег језичког терена са друштвеним тереном. Ипак, тачније одређење ових веза, које су биле резултат новог и ширег продора књижевних студија у дијалогу с другим когнитивним предметима (лингвистика, семиологија, социологија, културна антропологија, психоанализа), није одвело, како би се могло очекивати, изучавање књижевности назад у одређену њену област и њен центар, који није ништа друго него терен књижевног стварања; дакле, терен, где се финализује промена општег говора у песнички говор. Док су, дакле, захваљујући наведеним дијалозима међу научницима, сазрели договори да се тачније одреде – изван везе књижевности с општим језиком и са друштвом – и елементи који чине језгро књижевног говора и његово унутрашње функционисање (који су мало истражени после англосаксонске Нове критике), постструктуралистичке књижевне студије су наставиле свој центрифугални ход и скоро су их апсорбовале студије културе (cultural studies); оне студије, дакле, чија је веза с књижевношћу толико слаба колико је некада била веза између књижевности и марксистичке и фројдовске књижевне теорије и критике. Тако деконструкција, која не говори о оном што разликује књижевни језик од некњижевног језика него говори о једној њиховој заједничкој карактеристици, спада мање у књижевне студије а више у философију језика; неопрагматизам слика мање књижевност а више струју америчке философије; формирана уз помоћ лаканизма, књижевна теорија и критика је мање књижевна, а више психоаналитичка, итд.

Али, највећа штета коју су књижевним студијама нанеле постструктуралистичке теорије, штета коју ниједан од њихових обновљених елемената не може да надокнади, јесте њихово антихуманистичко постављање према темама вредности и морала. А њихова сагласност у погледу ових тема је оно што нас наводи да занемаримо многе и некад значајне разлике међу њима и да обухватимо ове теорије једним називом – постструктурализам. Постструктуралистичка равнодушност (све до непријатељства) према питањима вредности, која је диктирана апсолутним релативизмом у који их је одвело разумно уверење о непостојању једне моралне истине у корист човека или извесност да су све везе једино везе моћи или немоћне подређености, имала је као последицу нивелисање аксиолошких избора и у књижевности. Крајњи исход је било не само оспоравање књижевног канона (легална ствар, иначе), него и кашњење квалитативних процењивања и изједначавање паракњижевности са књижевношћу (што је можда главна карактеристика постмодерног у књижевности).

Ово антихуманистичко схватање и удаљавање књижевних студија од њиховог природног простора подстакло је доста аутора да реагују. При том не говорим о традиционалним критичарима, чије је незадовољство постмодернистичким позицијама било очекивано. Мислим на одређене посвећенике новог, пионире теоријских истраживања наведеног раздобља, који нису могли ни да сањају да ће их захтев за обнављањем књижевних студија одвести у дифузију, у граничне научне области и у релативизам који скоро да прелази у нихилизам. Потреба за поновним успостављањем везе с елементом вредности – како је потпомогнуто аналогним трендовима у области европске и америчке философије морала и француске политичке философије – подстакла је известан број текстова који показују опоравак хуманизма, опоравак који изгледа да не само што убрзава него и обележава крај постструктурализма у књижевним наукама.

Као временски почетак тога опоравка треба да се означи књига Цветана Тодорова *Крӣū̄ика крӣū̄ике* (1984), недавно преведена и на грчки. Али њени миљокази су књиге Роберта Шолса[3], Вејна Бута[4], Данијела Р. Шварца[5] и Умбера Ека (Границе тумачења, 1990; Тумачење и хипертумачење, 1992 – обе преведене на грчки), док клима око ње ојачава и од самог почетка хомологног тренда Школе из Констанце (Ханса Роберта Јауса, Волфганга Изера и др.).

Аргументи ових теоретичара чине очигледним најслабије место постструктуралистичке мисли: да нема разумевања да служи моралној неодговорности, на исти начин на који се стари хуманизам стављао често и несвесно у службу неког одређеног рода или друштвеног слоја или рода, да, дакле, постструктурализам није схватио да је сфера етике неизбежна; да, разумели ми то или не, људски живот добија смисао на терену процењивања људске вредности; и да је наставак међу аксиолошким проценама помоћу којих одређујемо сами себе и онима којима процењујемо књижевност подједнако неизбежан. Још је јасно да хуманистички опоравак води проучавање књижевности на пут који није пут старог хуманизма него пут обновљеног хуманизма (Шолс предлаже за ово термин „критички хуманизам"), ојачаног одређеним учењима постмодернистичке мисли.

Јер, наравно, не треба човек да буде постмодерниста да би веровао да не постоји истина изван људске реалности (истина која би могла да потвр-

---

[3] Robert Scholes, *Textual Power*, 1985; Protocols of Reading, 1989.
[4] Wayne C. Booth, *The Company We Keep: An Ethics of Fiction*, 1988.
[5] Daniel R. Schwartz, *The Case of Humanistic Poetics*, 1990.

ди или не објективност наших вредносних оцена) и да према томе не постоји људска истина. Ипак, немогућност да наше тврдње буду поткрепљене споља, не умањује њихов захтев за валидношћу, будући да субјективни факти, у мери у којој подлежу значајном интерсубјективном договору, добијају значајан степен објективности. Свест да се наш морални став не управља неким трансценденталним моралним принципом него проистиче једино и искључиво из људских веза, није инкомпатибилан с осећањем да наш морални језик има смисла. Формулисање вредности у дискурсу који је способан да превазиђе крајњи релативизам не претпоставља предавање догматизму. Као што пише и Тодоров, „неко се може супротставити нихилизму, а да не престане да буде атеиста".

САДРЖАЈ

Ксенија Марицки Гађански: Насо Вајена – песник
и теоретичар књижевности 5

Песме

ПОЉЕ АРЕСОВО
(1974)

Одбрана 25
Мука 26
Представа 27
Представа, II 28
Смрт у Ексархији 29
Доћи ће смрт 30
Купатило 31
Партија шаха 32
О једном Рафаеловом детаљу 33
Реч врата 34
Поље Аресово 35
Ода 37

БИОГРАФИЈА
(1978)

I 41
II 42
III 43
IV 44
V 45

VI	46
VII	47
VIII	48
IX	49
X	50
XI	51
XII	52
XIII	53
XIV	54
XV	55
XVI	56
XVII	57
XVIII	58
XIX	59

РОКСАНИНА КОЛЕНА
(1982)

Рапсодија	63
Доручак на трави	64
Роксанина колена	65
Алфа и омега	66
Студија о смрти	67
Хаику	68
Рођење Афродитино	69
Сонет	70
Ода	71
Explanations of Love	72
Инка	73
Орфеј у горњем свету	74
У подножју Химета	75
Чисте завесе	76
Општи поглед	77
Coda	78
Дивно летње јутро	79
Скоро љубавна	80
Анакреонтска	81

Калво у Женеви 82
Обала Вуљагмени............................ 83

ЛУТАЊЕ ОНОГ КОЈИ НЕ ПУТУЈЕ
(1986)

Птице, и друго............................... 87
Белешке 88
Фина гомила предмета 89
Начин за посматрање неба 90
Унутрашњи монолог Георгија Хортација 91
Ода месецу.................................. 92
Поподневна шетња Бастера Китона 93
Древна песма................................ 94
Јутарња..................................... 95
Лорд Бајрон у Ретимну 96
Тесеј 97
Љубавне игре I 98
Љубавне игре II 99
Хорхе Луис Борхес на улици Панепистимиу...... 100
Терцине 101
Анапести 102
Постање..................................... 103

ВАРВАРСКЕ ОДЕ
(1992)

Прелудиј..................................... 107
Adagio....................................... 108
II 109
IV 110
XIII 111
XIV 112
XVI 113
XVIII... 114
XXI 115
XXII 116

XXIII... 117
Lento 118

Есеји

I

Када почиње наша књижевност?................ 123
Јорго Сефери и европска традиција 129
Јорго Сефери и Т. С. Елиот 134
О књижевним утицајима 138
Пикасо у поезији 142
Иронични језик 144
У дијалогу с Кавафијем 150

II

Поезија и искуство

Поезија и оригиналност........................ 163
Поезија и свест о самом себи 164
Поезија и апстракција.......................... 165
Поезија и језик................................ 166
Поезија и епоха 167
Поезија и противречност....................... 168
Поезија и искуство............................. 169

Поезија и реалност

Поезија и обичан човек 173
Поезија и језик 175
Поезија и време 176
Поезија и читање 177
Поезија и ритам 178
Поезија и усамљеност......................... 179
Поезија и језик (2)............................. 180
Поезија и прогрес 181
Поезија и ритам (2)............................ 182

Поезија и језик (3).............................. 183
Поезија и читање (2)........................... 184
Поезија и морал................................ 185
Поезија и прогрес (2) 186
Поезија и читање (3)........................... 187
Поезија и држава............................... 188
Поезија и време (2) 189
Поезија и свакодневица 190
Поезија и историја............................. 191
Поезија и реалност 192

III

О Ролану Барту 195
Идентитет и песнички говор................... 197
Опоравак хуманизма.......................... 203

Издавачко предузеће
РАД
Београд, Дечанска 12

*

Главни уредник
НОВИЦА ТАДИЋ

*

Лектор и коректор
МИРОСЛАВА СТОЈКОВИЋ

*

За издавача
СИМОН СИМОНОВИЋ

*

Штампа
Елвод-принт, Лазаревац

CIP – Каталогизација у публикацији
Народна библиотека Србије, Београд

929:82 Вајена Н.
821.14'06-1
82.0-1
821.14'06.09-1

ВАЈЕНА, Насо

Варварске оде : песме и есеји / Насо Вајена ; [избор и превод са грчког Иван Гађански и Ксенија Марицки Гађански]. – Београд : Рад, 2002 (Лазаревац : Елвод-принт). – 215 стр. ; 21 cm. – (Библиотека Хиперион)

Тираж 500. – Стр. 5–19: Насо Вајена – песник и теоретичар књижевности / Ксенија Марицки Гађански. – Напомене и библиографске референце уз текст.

ISBN 86-09-00804-5

а) Вајена, Насо (1945–) – Поезија б) Поезија – Поетика ц) Грчка поезија – 20в

COBISS-ID 102800908

www.ingramcontent.com/pod-product-compliance
Lightning Source LLC
Chambersburg PA
CBHW071703090426
42738CB00009B/1640